Münsterschwarzacher Kleinschriften

herausgegeben
von den Mönchen der Abtei Münsterschwarzach

Band 120

Anselm Grün

Vergib dir selbst

Vier-Türme-Verlag

7. Auflage 2010
© Vier-Türme GmbH, Verlag, Münsterschwarzach
Alle Rechte vorbehalten

Umschlaggestaltung: Morian & Bayer-Eynck, Coesfeld
Umschlagmotiv: John Fox Images
Gesamtherstellung: Vier-Türme GmbH,
Benedict Press, Münsterschwarzach
ISBN 978-3-87868-620-0
ISSN 0171-6360

www.vier-tuerme-verlag.de

Inhalt

Einleitung	9

I. *Die biblische Botschaft von Vergebung und Versöhnung* — 15

Der verzeihende Gott	15
a) Vergebung befreit	19
b) Vergebung ohne Grenzen	22
Laßt euch mit Gott versöhnen	25
a) Versöhnung beginnt in den Gedanken	28
b) Aussöhnung mit meinem inneren Gegner	30
c) Mit Phantasie und Liebe das Böse überwinden	32
d) Die Feindesliebe	35

II. *Versöhnung und Vergebung im persönlichen Bereich* — 41

Versöhnung mit sich selbst	41
a) Versöhnung mit meiner Lebensgeschichte	42
b) Ja zu mir sagen	46

Die Versöhnung mit dem Nächsten	52
a) Schritte zur Versöhnung	52
b) » Vater, vergib ihnen, denn...«	56
c) Zusage der Vergebung	61

III. Versöhnung in der Gemeinschaft — 65

Neue Wege gehen	65
a) Ehe und Familie	65
b) Religiöse Gemeinschaften	73
c) Die Dorfgemeinschaft	76
d) Die Pfarrgemeinde	79
e) Versöhnung in unserer Gesellschaft	82
f) Versöhnung zwischen den Völkern	88

IV. Der Auftrag der Kirchen — 95

Botschafter der Versöhnung	95
a) Versöhnende Sprache	96
b) Versöhnungsrituale	98

V. Das Sakrament der Versöhnung – Die Beichte — 103

Geschichte der Beichte	104
a) Die Versöhnungsbeichte	104
b) Die Andachtsbeichte	105
c) Die Seelenführungsbeichte	106

Umgang mit der Schuld	110
a) Schuldgefühle und Schuld	111
b) Schuld als Chance	114
c) Das Böse	115
d) Weder be- noch entschuldigen	117
e) Das befreiende Gespräch	118
f) Gott meine Wahrheit hinhalten	121
Der Sinn der Beichte	123
a) Die trennende Mauer niederreißen	124
b) »Deine Sünden sind dir vergeben«	125
Die konkrete Gestaltung des Beichtrituals	126
Schluß	131
Literatur	134

Einleitung

Vergebung und Versöhnung sind zwei Themen, die viele Menschen heute beschäftigen. In der geistlichen Begleitung erlebe ich, daß viele immer wieder das Thema der Vergebung anschneiden. Die einen leiden unter ihrer strengen Erziehung, in der ihnen gesagt wurde, sie müßten jedem Menschen vergeben. Und dann erfahren sie, daß ihnen die Vergebung nicht gelingt, daß die schon lange zurückliegende Verletzung immer noch schmerzt. Für manche klingt die Forderung nach Vergebung so, daß sie ihre Gefühle von Ärger und Zorn gegen die Menschen, die sie verletzt haben, unterdrükken müßten und daß ihnen nichts anderes übrig bleibt, als ihnen möglichst schnell zu vergeben. Damit aber fühlen sie sich überfordert. Denn sie spüren in sich immer noch Groll und Gekränktsein. Sie fühlen sich gelähmt durch diese Gefühle. Wenn sie dem anderen vergeben, wäre das nur vom Kopf her gesteuert. Aber tief im Herzen und in ihrem Unbewußten sind ganz andere Gefühle, die die wirkliche Vergebung verhindern. Andere spüren, daß sie eigentlich vergangene Kränkungen vergeben sollten, weil die Vergangenheit immer noch wie eine Last auf sie drückt. Sie würden diese Last gerne loswerden, aber sie wissen nicht, wie ihnen das gelingen könnte. Manche können sich auch selbst nicht vergeben, wenn sie schuldig geworden sind. Sie wühlen immer wieder in der eigenen Schuld herum und werfen sich ständig vor, daß sie damals falsch gehandelt haben. Weil sie sich selbst nicht vergeben können, können sie auch nicht an die Vergebung Gottes glauben. Weil sie sich selbst für unannehmbar halten, meinen sie, auch Gott könne sie so nicht annehmen, wie sie sind.

Mit der Vergebung hängt die Versöhnung eng zusammen. Viele sehnen sich danach, daß sie ausgesöhnt mit sich selbst und mit den Menschen ihrer Umgebung leben können. Aber sie fühlen sich unfähig, sich mit der eigenen Lebensgeschichte auszusöhnen und erfahren um sich herum im familiären Umfeld nur Streit und Zwietracht. Wenn sie in die Welt hinaus sehen, erleben sie gerade in den vielen Kriegs- und Krisengebieten unversöhnte Volksgruppen, die auch durch einen offiziellen Friedensschluß nicht zusammenfinden. Wir erleben heute, daß Versöhnung eine Frage des politischen Überlebens ist. Ohne Versöhnung wird es auf dieser Erde keine Zukunft geben. Ob eine Gesellschaft miteinander gedeihlich zusammen leben kann, hängt davon ab, ob die sich widerstreitenden Gruppen bereit sind, sich zu versöhnen. Und ob es für die Völker Afrikas oder für die Volksgruppen im ehemaligen Jugoslawien einmal dauerhaften Frieden geben wird, ob die vom Islam geprägten Völker und der christliche Westen in gegenseitiger Achtung zusammen leben können, das hängt von der Bereitschaft zur Versöhnung ab. Versöhnung ist daher nicht nur ein religiöses, sondern genauso auch ein politisches Postulat.

Mit Versöhnung wird in der Bibel das Handeln Gottes in Jesus Christus beschrieben. Die frühe Kirche sah es als ihre entscheidende Aufgabe an, Künderin und Vermittlerin der Versöhnung zu sein. Auch die heutige Kirche hat von Jesus Christus den Auftrag, in unserer Welt ein Ort der Versöhnung zu sein, ein Ort, wo exemplarisch Menschen verschiedener Rassen und Sprachen miteinander versöhnt leben können. Und es ist ihre Aufgabe, in dieser Welt zu einer Quelle der Versöhnung zu werden, immer wieder aufzurufen zur Aussöhnung der Völker und Rassen, immer wieder mahnend ihre Stimme zu erheben, wenn sie Feindschaft und Streit, Unversöhntsein und Ressentiments in dieser Welt wahrnimmt.

Vergebung und Versöhnung gehören zusammen. Und doch haben sie je verschiedene Bedeutungen. Mit dem deutschen Wort ›Vergebung‹ wird das griechische Wort ›aphesis‹ übersetzt, das aus dem Verb ›aphiemi‹ abgeleitet wird und wegschicken, wegwerfen, entlassen, loslassen, freilassen, freisprechen bedeutet. Das lateinische Wort ›dimittere‹ heißt ähnlich: wegschicken, entlassen, nachlassen, loslassen. Vergebung bezieht sich auf die Schuld und meint ein aktives Erlassen und Loslassen der Schuld, ein Sich-freimachen von der Schuld, ein Wegnehmen der Schuld. Vergeben heißt also letztlich: weggeben. Das deutsche Wort

›versöhnen‹ kommt von ›versüenen‹ und bedeutet: Frieden stiften, schlichten, still machen, beschwichtigen, küssen. Es meint also eine ganze Palette von Versuchen, einander näher zu kommen. Durch das Gespräch wächst Nähe zwischen zwei Partnern. Sie können ihren Streit schlichten und Frieden stiften. Die intensivste Nähe ist dann der Kuß, der das Einverstandensein mit dem anderen besiegelt. In der Versöhnung kommen sich aber nicht nur Menschen nahe, sondern auch Gott und Mensch. Und der Mensch kann sich mit sich selbst aussöhnen und sich selbst küssen. Das lateinische Wort für versöhnen ›reconciliare‹ bedeutet: wieder herstellen, wieder vereinigen, eine Zusammenkunft wieder ermöglichen. Es zielt also vor allem auf die wieder hergestellte Gemeinschaft zwischen den Menschen und zwischen Gott und den Menschen. Es gibt keine Versöhnung ohne Vergebung. Und die Vergebung zielt letztlich auf ein neues versöhntes Miteinander.

In dieser Kleinschrift möchte ich das Phänomen der Vergebung und Versöhnung von der Bibel her in unsere Zeit übersetzen. Dabei will ich sowohl die persönliche als auch die gesellschaftliche und politische Dimension betrachten. Die Kirche kennt ein Sakrament der Versöhnung. Da es heute immer weniger verstanden wird, werde ich es von seiner ursprünglichen Intention her beschreiben. Vergebung hat immer auch mit Schuld zu tun. Wir sehen heute Schuld und Sünde anders als noch vor dreißig Jahren. Daher will ich auch auf dieses Thema eingehen. Ich werde einige

Gedanken verwenden, die ich in dem Buch »Sich ändern lernen. Versöhnung feiern und leben« entfaltet habe, da dieses Buch vom Echter-Verlag leider nicht mehr aufgelegt wird.

I. Die biblische Botschaft von Vergebung und Versöhnung

Der verzeihende Gott

Schon der Gott des Alten Testaments ist wesentlich ein verzeihender Gott. Der Mensch fällt immer wieder in die Sünde. Er übertritt Gottes Gebot und verirrt sich in seinen eigenen Leidenschaften. Das griechische Wort für sündigen ›hamartanein‹ heißt eigentlich: das Ziel verfehlen. Wer sündigt, der verfehlt nicht nur das Ziel, das Gott ihm gesteckt hat, sondern er verfehlt sich selbst. Er entfremdet sich von sich selbst. Mit eigener Kraft kommt er aus seiner Schuldverstrickung und Selbstentfremdung nicht heraus. Er projiziert die Schuld entweder auf andere, oder er zerfleischt sich selbst mit Schuldvorwürfen. Er ist auf Gottes Vergebung angewiesen, um wieder frei zu werden von seiner Schuld, die ihn lähmt und blockiert, um die Selbstentfremdung und die Entfremdung von seinem ursprünglichen Sein zu überwinden und wieder mit sich selbst und mit dem ihn tragenden Grund in Berührung zu kommen. Vergebung meint, daß Gott die Sünde hinter sich geworfen hat (Jes 38,17), daß er die Schuld erläßt, daß er die Sünde gar nicht mehr sieht, daß er den

Menschen von seiner Schuld befreit. Die deutsche Sprache verwendet für die verschiedenen hebräischen Ausdrücke die beiden Wörter ›vergeben‹ und ›verzeihen‹. Vergeben könnte man auf zweifache Weise deuten. Einmal meint es: weggeben, erlassen; zum anderen: austeilen, verschenken, unrichtig austeilen, falsch geben. Hinter dem Wort ›vergeben‹ steckt die Vorstellung, daß man dem anderen etwas gibt, was man eigentlich von ihm zu erwarten hätte. Das Wort ›verzeihen‹ kommt von ›zeihen‹, das heißt beschuldigen, anschuldigen, anzeigen. Verzeihen bedeutet dann: Verschuldetes nicht anrechnen, einen Anspruch aufgeben. Die deutsche Sprache hat also zwei wichtige Aspekte aus der Bibel entnommen. Einmal den Geschenkcharakter der Vergebung. Gott schenkt uns in der Vergebung seine barmherzige und liebende Zuwendung, die wir uns durch unsere Abwendung eigentlich verwirkt haben. Und dann ist da der Aspekt der Schuld, die uns nicht angerechnet wird, die nicht geltend gemacht wird, die erlassen wird.

Die Juden haben in ihrer Geschichte immer wieder erfahren, daß sie von Gott abfallen und sich Götzen zuwenden. In den Psalmen wird die Geschichte Israels als eine Geschichte permanenten Abfallens und Untreuwerdens beschrieben. Kaum hat Gott für das Volk in der Wüste gesorgt, rebelliert es schon wieder wie ein kleines trotziges Kind, das noch mehr will, und wendet sich von Gott ab. Mose erkennt, daß das Volk ein störrisches und halsstarriges Volk ist. Aber er richtet sein Gebet immer wieder vertrauensvoll an Gott, der sich ihm als der vergebende Gott geoffenbart hat: »Jahwe ist ein barmherziger und gnädiger Gott, langmütig, reich an Huld und Treue. Er bewahrt Tausenden Huld, nimmt Schuld, Frevel und Sünde weg.« (Ex 34,6f)

Der Grund, warum Gott den Menschen immer wieder vergibt, liegt in seiner Barmherzigkeit. Gott hat kein Gefallen am Tod des Sünders. Das Herz Gottes ist nicht das Herz eines Menschen, seine Gedanken sind nicht unsere Gedanken. Daher preist der Psalmist Gott mit den Worten: »Lobe den Herrn, meine Seele, und vergiß nicht, was er dir Gutes getan hat: der dir all deine Schuld vergibt und all deine Gebrechen heilt.« (Ps 103,2f) Der alttestamentliche Beter weiß, daß er immer wieder in Schuld fällt. Aber wenn er seine Schuld vor Gott bekennt, ist Gott bereit, ihm zu verzeihen, seine Schuld abzuwaschen und ihm einen neuen, beständigen Geist zu schenken. (Vgl. Ps 51,12)

Jesus hat die Vergebung Gottes nicht nur verkündet, sondern er hat den Menschen auch in der Kraft Gottes die Vergebung zugesprochen. Das war für die Zuhörer eine unerhörte Tat. Für die Pharisäer war es ein Zeichen, daß er Gott lästert. »Wie kann dieser Mensch so reden? Er lästert Gott. Wer kann Sünden vergeben außer dem einen Gott.« (Mk 2,6f) Aber Jesus bestätigt seine Vollmacht, Sünden zu vergeben, indem er den Gelähmten heilt. Vergebung der Sünden und Heilung der Krankheiten gehören zusammen. Matthäus sieht die Krankheit oft von der Schuld verursacht. Daher genügt es nicht, wenn nur das Symptom der Krankheit geheilt wird, es muß auch die zugrundeliegende Schuld vergeben werden, damit der Kranke wirklich gesund wird und ein neues Leben beginnen kann, wie es dem Willen Gottes entspricht. Jesus will den ganzen Menschen wiederherstellen. Die Vergebung dient der Heilung. Während Matthäus Krankheit und Sünde zusammen sieht, wehrt sich Johannes gegen diese Sicht. Beide Sichtweisen haben etwas für sich. Man darf nicht bei jeder Krankheit nach der Schuld fragen. Denn sonst würde ich jedem Kranken zu seiner Krankheit auch noch ein schlechtes Gewissen vermitteln. Aber manchmal heilen unsere Wunden nicht, weil wir uns selbst oder dem ›Verwunder‹ nicht vergeben können.

Jesus wendet sich gerade den Sündern zu und ißt mit ihnen. Den Kritikern hält er entgegen: »Lernt, was es heißt: Barmherzigkeit will ich, nicht Opfer. Denn ich bin gekommen, um die Sünder zu rufen, nicht die Gerechten.« (Mt 9,13) Die Vergebung, die Jesus den Menschen zuspricht, kommt in seinem Tod am Kreuz zu ihrer Erfüllung. Da vergibt er selbst denen noch, die ihn ans Kreuz geschlagen haben. Wenn Jesus selbst seinen Mördern noch vergibt, dann dürfen wir darauf vertrauen, daß er auch uns jede noch so große Schuld vergibt, wenn wir ihn darum bitten. Es ist nicht so, daß Gott uns nur vergibt, weil Jesus für uns gestorben ist. Das wäre ja ein grausamer Gott, der das Opfer seines Sohnes braucht, um vergeben zu können. Gott ist immer der Vergebende.

Aber die Frage ist, wie wir an die Vergebung Gottes glauben können. Das Kreuz ist die deutlichste Zusage der Vergebung. Es will uns tief in unserem Herzen vermitteln, daß Gott der vergebende Gott ist und daß es keine Sünde gibt, die er nicht vergeben kann und will.

a) Vergebung befreit

Der Evangelist Lukas sieht die Beziehung zwischen der Vergebung und dem Kreuz Christi anders. Das Kreuz ist nicht die Vermittlung der Vergebung, sondern am Kreuz gibt Jesus selbst das eindrücklichste Beispiel für die Vergebung. Am Kreuz betet er für die, die ihn kreuzigen: »Vater, vergib ihnen, denn sie wissen nicht, was sie tun.« (Lk 23,34) Jesus hat uns damit ein Vermächtnis seiner vergebenden Liebe hinterlassen, damit auch wir genauso handeln wie er. Sein Tun hat Vorbildcharakter. Denn Jesus ist für Lukas der Anführer unseres Glaubens, der uns mit seinem Verhalten vorausgeht, damit wir ihm darin folgen. Die Bitte zeigt uns, wie auch wir den Menschen vergeben sollen und können, ohne daß uns die Vergebung überfordert. In dieser Bitte liegt ein Schlüssel dafür, daß auch uns die Vergebung gelingt. Wenn wir beten: »Vater, vergib ihnen, denn sie wissen nicht, was sie tun«, dann erfüllen wir keine Forderung, die über unseren Willen hinausgeht. Die Bitte ist vielmehr ein Weg, uns an den Vater zu wenden und in ihm unseren wahren Grund zu finden. Und zugleich befreit uns die Bitte von der Macht der

Menschen. Sie schafft uns Distanz zu den Menschen und zugleich Verständnis für ihr Verhalten. Auch wenn Menschen uns verletzen, wissen sie oft nicht, was sie tun. Sie verletzen uns, weil sie selbst verletzt sind, weil sie sich minderwertig fühlen und ihre Macht nur zeigen können, indem sie uns schaden. Aber in Wirklichkeit schaden sie sich selbst. Wenn ich wie Jesus am Kreuz bete »Vater, vergib ihnen, denn sie wissen nicht, was sie tun«, dann muß ich meine Wut nicht überspringen, sondern ich kann vergeben, weil ich den anderen nicht mehr als meinen Feind ansehe, sondern als einen verletzten Menschen. Ich vergebe nicht aus Schwäche und Anpassung, sondern aus Stärke und Freiheit. Wenn ich nicht vergebe, hat der andere immer noch Macht über mich. Er bestimmt mein Denken und Fühlen. Die Vergebung befreit mich von der Macht des anderen. Er ist nicht mehr mein Gegner, sondern ein verletzter und verblendeter Mensch, der nicht anders kann. Aber selbst wenn er mich tötet, hat er trotzdem keine Macht über mich. So hat es Jesus am Kreuz erfahren. Er bleibt der dem Vater Ergebene. Nach außen hin können die Menschen ihre Bosheit an ihm auslassen. Aber sie erreichten ihn nicht, weil er für sie betet und im Gebet ihre Verblendung und Unwissenheit durchschaut.

Lukas hat in der Apostelgeschichte beschrieben, wie die Jünger sich genauso verhalten wie Jesus. So stirbt der Diakon Stephanus mit den gleichen Worten wie Jesus. Als die Juden ihn steinigen, betet er: »Herr Jesus, nimm meinen Geist auf!

Dann sank er in die Knie und schrie laut: Herr, rechne ihnen diese Sünde nicht an! Nach diesen Worten starb er.« (Apg 7,59f)

Matthäus hat die Vergebung als die zentrale Grundhaltung für die christliche Gemeinde beschrieben. Das wird zum Beispiel in seiner Formulierung des Vaterunsers sichtbar. Darin macht er die Echtheit unseres Betens abhängig von unserer Bereitschaft, einander zu vergeben. »Erlaß uns unsere Schulden, wie auch wir sie unseren Schuldnern erlassen haben ... Denn wenn ihr den Menschen ihre Verfehlungen vergebt, dann wird euer himmlischer Vater auch euch vergeben. Wenn ihr aber den Menschen nicht vergebt, dann wird euch euer Vater eure Verfehlungen auch nicht vergeben.« (Mt 6,12.14f)

Wir können nicht so beten, wie Jesus es uns gelehrt hat, wenn wir nicht bereit sind, einander unsere täglichen Sünden zu verzeihen. Das macht Matthäus auch zur Grundlage seiner Gemeindeordnung. Ihm war es ein Anliegen, wie die christliche Gemeinde im Geiste Jesu zusammen leben kann. Im 18. Kapitel setzt er einzelne Worte Jesu zu einer eigenen Rede zusammen, die sich mit dem Leben in der christlichen Gemeinde befaßt. Da meint Petrus, er habe Jesus gut verstanden, wenn er, statt wie seine jüdischen Brüder zwei bis dreimal zu vergeben, sogar bereit ist, siebenmal Vergebung zu gewähren. Doch Jesus setzt der Vergebung keine Grenze. »Nicht siebenmal, sondern siebenundsiebzigmal« (Mt 18,22) sollen wir einander vergeben. Die Zahl Siebenundsiebzig oder wie andere Exegeten meinen, siebzigmal Sieben bedeutet eine unendliche Zahl. Der Christ soll bereit sein, immer wieder von neuem zu vergeben, weil Gott ihm auch täglich neu vergibt.

b) Vergebung ohne Grenzen

Matthäus begründet die Forderung nach einer Vergebung ohne Grenzen mit dem Gleichnis vom Schalksknecht. Da ist ein Knecht, vermutlich der Statthalter eines Königs, der dem König zehntausend Talente schuldet. Das ist eine phantastisch große Summe, etwa 40 Millionen Mark. Das gesamte Steueraufkommen von Galiläa und Peräa betrug nur 200 Talente. König Herodes hatte ein Jahreseinkommen von 900 Talenten. Es ist also eine Summe, die der Schuldner unmöglich zurückzahlen kann. Zehntausend Talente stellen gleichsam die größte Zahl dar, die man sich damals überhaupt denken konnte. Und diese unermeßlich große Summe erläßt der König seinem Statthalter. Indem Jesus von dieser großzügigen Vergebung erzählt, erwartet der Zuhörer, daß der Beamte voller Dankbarkeit nun auch barmherzig mit seinen Mitmenschen umgeht. Aber nein, kaum trifft der Knecht einen seiner Mitknechte, der ihm nur lächerliche 100 Denare schuldig ist, also etwa 80 Mark, da wütet er gegen ihn und überhört hartherzig seine Bitte um Vergebung. Der Mitknecht ist sogar bereit, ihm alles zurückzuzahlen. Bei der kleinen Summe ist das durchaus realistisch, während der Statthalter genau wußte, daß er dem König gegenüber die Schuld nie und nimmer hätte zurückzahlen können. Aber anstatt ihm diese kleine Summe zu erlassen, wirft der Statthalter seinen Mitknecht ins Gefängnis. Damals war die sogenannte Schuldhaft üblich. Der Gefangene mußte seine Schuld entweder abarbeiten, oder Verwandte mußten ihn loskaufen. Die Mitknechte sind enttäuscht und verärgert über das Verhalten dieses Mannes, dem doch eine so große Schuld erlassen worden ist. Voller Trauer erzählen sie ihrem Herrn, was geschehen ist. Der hat nun kein Erbarmen mehr mit ihm. Er schilt ihn: »Du elender Diener! Deine ganze Schuld habe ich dir erlassen, weil du mich so angefleht hast. Hättest nicht auch du mit jenem, der gemeinsam mit dir in meinem Dienst steht, Erbarmen haben müssen, so wie ich mit dir Erbarmen hatte?« (Mt 18,32f)

Daß wir einander vergeben sollen, ist keine übergroße Leistung, die Jesus von uns verlangt, sondern Ausdruck der Dankbarkeit für die unermeßliche Vergebung, die wir von Gott erfahren. Jesus mußte in diesem Gleichnis die unendliche Schuld, die wir Gott gegenüber haben, und das Wenige, was wir uns gegenseitig schuldig sind, so deutlich gegenüberstellen, um uns zu zeigen, daß es keinen Grund gibt, einander nicht zu vergeben. Was wir Gott schulden, können wir nie bezahlen. Wir werden Tag für Tag an Gott schuldig. Wir rebellieren gegen ihn, vergessen ihn und wenden uns anderen Göttern zu – dem Geld, dem guten Ruf, der Karriere. Und trotzdem steht Gott zu uns. Er erläßt uns immer wieder unsere Schuld. Wer die Vergebung Gottes offenen Herzens erlebt, der kann gar nicht anders, als dem zu vergeben, der ihn verletzt hat. Die Vergebung wird für ihn keine Forderung, die er erfüllen muß, sondern Antwort auf die erfahrene Vergebung.

Die Vergebung ist nach Matthäus die Ermöglichung von menschlicher und christlicher Gemeinschaft. Ohne Vergebung gibt es nur ein gegenseitiges Vorrechnen und Aufrechnen, nur den Teufelskreis von Vergeltung und Wiedervergeltung. So sieht auch der Kolosserbrief die Vergebung als die Grundlage christlicher Gemeinde: »Ertragt euch gegenseitig, und vergebt einander, wenn einer dem andern etwas vorzuwerfen hat. Wie der Herr euch vergeben hat, so vergebt auch ihr!« (Kol 3,13) Die Vergebung, die die Christen von Christus her empfangen haben, soll auch ihr Miteinander prägen. Nur auf diese Weise können sie einander so lieben, wie Christus sie geliebt hat: »Vor allem aber liebt einander, denn die Liebe ist das Band, das alles zusammenhält und vollkommen macht.« (Kol 3,14) Die Liebe fügt die verschiedenen Teile in uns zusammen. Sie macht uns zu einem Menschen, der sich selbst ganz bejahen kann. Und sie verbindet die widerstrebenden Gruppierungen in einer Gemeinde und führt sie zur Einheit zusammen. Es gibt keine Liebe ohne Vergebung. Und es kann keine Gemeinschaft bestehen, ohne daß die Mitglieder immer wieder bereit sind, einander zu vergeben. Das gilt für die Ehe genauso wie für die Klostergemeinschaft und für eine Pfarrgemeinde. Wir können es in der Gemeinschaft nur aushalten, weil uns immer wieder vergeben wird. Unser Beitrag zum Aufbau der Gemeinschaft besteht darin, daß auch wir bereit sind, einander zu vergeben.

Laßt euch mit Gott versöhnen

Die Botschaft von der Versöhnung steht im Mittelpunkt der paulinischen Theologie. Mit Versöhnung bezeichnet Paulus das Handeln Gottes an uns. Gott stellt in seinem Sohn Jesus Christus die Gemeinschaft wieder her, die wir durch unsere Abkehr aufgegeben haben. Gott selbst ist der Handelnde. Er kommt uns in seinem Sohn Jesus Christus nahe, damit wir wieder fähig werden, uns ihm zu nahen und die Gemeinschaft mit ihm zu erfahren.

Versöhnung stellt aber nicht nur rein äußerlich wieder die Gemeinschaft mit uns her, sondern Gott wandelt und erneuert in der Versöhnung den ganzen Menschen. Das zeigt Paulus in der bekannten Stelle aus dem 2. Korintherbrief: »Wenn also jemand in Christus ist, dann ist er eine neue Schöpfung: Das Alte ist vergangen, Neues ist geworden. Aber das alles kommt von Gott, der uns durch Christus mit sich versöhnt und uns den Dienst der Versöhnung aufgetragen hat.« (2 Kor 5,17f) Durch die Versöhnung, die von Gott ausging, sind wir neue Geschöpfe geworden. Wir sind nicht mehr gottlose und schwache Menschen, sondern wir sind durch Gottes Liebe neu geworden. Durch die Versöhnung »ist Gottes Liebe zu uns gegenwärtige, wirksame Wirklichkeit geworden, während wir ehedem leer von ihr, nur aus uns selbst lebten« (Büchsel 256). Im Römerbrief 5,5 heißt es: »Die Liebe Gottes ist ausgegossen in unsere Herzen durch den Heiligen Geist, der uns gegeben ist.« Die Versöhnung macht uns zu neuen Menschen, die nun durch den Heiligen Geist befähigt werden, wie Gott zu lieben.

Paulus kann die Erlösung durch Jesus Christus und durch seinen Tod am Kreuz am besten mit dem Wort der Versöhnung ausdrücken. Die Initiative geht in der Versöhnung von Gott aus. Aber Gott lädt den Menschen, der in sich selbst und in seiner Schuld verstrickt ist, ein, das Angebot seiner Liebe anzunehmen und sich nun mit Gott zu versöhnen. Gott braucht sich nicht mit dem Menschen zu versöhnen. Denn er ist ja immer der liebende und Versöhnung stiftende Gott. Nicht Gott hat sich vom Menschen abgewandt, sondern der Mensch von Gott. Im Tod Jesu hat Gott die Menschen eingeladen, ihre Abwendung und Isolierung aufzugeben und sich angesichts der unermeßlichen Liebe, wie sie im Kreuz sichtbar wird, wieder der Liebe und damit dem Leben zuzuwenden. So sieht es Paulus im 2. Korintherbrief 5,19f: »Ja, Gott war es, der in Christus die Welt mit sich versöhnt hat, indem er den Menschen ihre Verfehlungen nicht anrechnete und uns das Wort von der Versöhnung (zur Verkündigung) anvertraute. Wir sind also Gesandte an Christi Statt, und Gott ist es, der durch uns mahnt. Wir bitten an Christi Statt: Laßt euch mit Gott versöhnen!« Die Einladung zur Versöhnung, die Gott in Christus hat ergehen lassen, soll durch die Apostel und durch die Kirche aller Welt verkündet werden. Christliche Botschaft ist wesentlich Dienst der Versöhnung und Verkündigung der Versöhnung. Sie ist die eindringliche Bitte an die Menschen: »Gebt doch euer sinnloses Leben auf, laßt doch eure Verschlossenheit und Verblendung los und wendet euch Gott zu, der euch in Christus seine Liebe erwiesen hat und der euch heute einlädt, durch seine Liebe neu zu werden.«

Paulus hat sich selbst als Diener der Versöhnung verstanden. Er bittet die Korinther, die sich untereinander und mit ihm zerstritten hatten, eindringlich um Versöhnung. An der Versöhnung zeigt sich, ob sie Christus und seine Liebe ernst nehmen, wie sie in seinem Tod am Kreuz offenbar geworden ist. Was Paulus als seine persönliche Aufgabe ansieht, das ist auch der Auftrag Jesu an die ganze Kirche. Sie muß gerade heute in einer zerstrittenen Welt die Botschaft der Versöhnung weitersagen.

Sie muß sie hineinsprechen in das Leben so vieler mit sich und ihrem Schicksal unversöhnt lebender Menschen. Sie muß sie hineinsagen in die Gemeinschaft vieler Eheleute, die einander nicht vergeben können, sondern sich ihre Fehler gegenseitig vorrechnen. Sie muß sie verkünden in die gesellschaftlichen Konflikte, die sich gerade heute oft durch Unversöhnlichkeit auszeichnen. Und sie muß sie hineintragen in die kriegerischen Auseinandersetzungen zwischen den Völkern, die oft bedingt sind durch Vorurteile und Konflikte, die seit Generationen die Menschen entzweien.

a) Versöhnung beginnt in den Gedanken

Die paulinischen Worte zur Versöhnung haben letztlich ihre Wurzel in der Forderung Jesu nach der Feindesliebe. In der Bergpredigt zeigt uns Jesus Wege auf, wie wir die Kluft in der menschlichen Gemeinschaft überbrücken können. In den sechs Antithesen zeigt er uns konkrete Wege auf, wie Versöhnung zwischen Menschen möglich wird. In der ersten Antithese »Vom Töten und von der Versöhnung« (Mt 5,21–26) wird deutlich, daß die Versöhnung in unseren Gedanken und Worten anfängt. Es genügt nicht, den anderen nicht körperlich zu töten. Wir müssen darauf achten, daß wir ihn nicht mit unseren Gedanken und Worten töten, daß wir keinen Rufmord begehen, daß wir ihn nicht so ablehnen, daß er keine Chance mehr hat, menschenwürdig zu leben. Und dann sagt Jesus das Wort, das schon vielen wie ein Stachel erschienen ist, der sie nicht losläßt in ihren aggressiven Gedanken und Gefühlen: »Wenn du deine Opfergabe zum Altar bringst und dir dabei einfällt, daß dein Bruder etwas gegen dich hat, so laß deine Gabe dort vor dem Altar liegen; geh und versöhne dich zuerst mit deinem Bruder, dann komm und opfere deine Gabe.« (Mt 5,23f)

Gebet heißt nicht, nur auf Gott zu schauen und um mein Heil zu bitten. Im Gebet bin ich immer schon verbunden mit meinen Brüdern und

Schwestern. Ich kann nicht vor Gott treten, ohne ihm meine Beziehung zu den Menschen hinzuhalten. Ich muß mich zumindest in meinem Herzen von dem Groll distanzieren, den ich in mir hege. Natürlich kann ich nicht erwarten, daß alle mit mir einverstanden sind. Manchmal kann ich auch nichts dazu, wenn einer etwas gegen mich hat. Denn auch ich werde für andere zum Anlaß, daß sie ihre Probleme auf mich projizieren. Und es ist manchmal vergeblich, alle diese Projektionen zu klären. Vor allem gibt es immer auch Menschen, die sich gar nicht mit mir versöhnen wollen, die mich als Projektionsfigur brauchen, um ihre Aggressionen loszuwerden. Da wäre jeder Versuch von Versöhnung zum Scheitern verurteilt. Aber das Wort Jesu fordert mich heraus, das Unversöhntsein des eigenen Herzens anzuschauen und loszulassen.

Evagrius Ponticus hat in seinem Buch über das Gebet dieses Wort Jesu zitiert und auf seine Weise ausgelegt: »Laß deine Gabe vor dem Altar, gehe und versöhne dich erst mit deinem Bruder, rät uns unser Herr – dann wirst du ungestört beten können. Groll nämlich trübt den Geist des Menschen, der betet, und wirft einen Schatten über sein Gebet.« (Gebet 21) Für Evagrius ist die Versöhnung für das Gelingen des Gebetes entscheidend. Ohne Versöhnung können wir gar nicht wirklich beten, da müßten wir vor Gott einen Teil unseres Herzens verschließen. Und das wäre kein wirkliches Gebet. Der Groll trübt unser Denken und macht uns unfähig zu beten. Evagrius interpretiert das Wort

Jesu nicht moralisch, sondern psychologisch und spirituell. Er verlangt, daß wir unsere Bitterkeit beiseite lassen, wenn wir beten. Manche Ausleger haben das Wort Jesu so kommentiert, daß es uns überfordert. Denn wenn wir auch nach außen hin mit jedem gut zurechtkommen müssen, dann sind wir in unserem Beten total von der Laune von Menschen abhängig, die gar keine Lust haben, sich mit uns zu versöhnen. Wir müßten uns ihnen völlig unterwerfen, damit sie nichts mehr gegen uns haben. Das aber ist gegen unsere Würde. Wir müssen uns aber ehrlich prüfen, ob wir an unserem Groll festhalten. Mit Zorn im Herzen kann man nicht wirklich beten. Wenn wir das eigene Unversöhntsein aufgegeben haben, müssen wir auch versuchen, im Rahmen des Möglichen auf die Menschen zuzugehen, mit denen wir in Konflikt leben.

b) Aussöhnung mit meinem inneren Gegner

Jesus fährt in der Bergpredigt fort: »Schließ ohne Zögern Frieden mit deinem Gegner, solange du mit ihm noch auf dem Weg zum Gericht bist. Sonst wird dich dein Gegner vor den Richter bringen, und der Richter wird dich dem Gerichtsdiener übergeben, und du wirst ins Gefängnis geworfen. Amen, das sage ich dir: Du kommst von dort nicht heraus, bis du den letzten Pfennig bezahlt hast.« (Mt 5,25f) Hier geht es nicht nur um die Regelung eines alltäglichen Prozesses, nicht nur um eine Klugheitsregel. Jesus selbst hebt das Beispiel mit seinem Wort »Amen, das sage ich dir« auf eine andere Ebene. Es geht nicht nur darum, der Schuldhaft zu entrinnen, in der man solange bleiben mußte, bis man alles abbezahlt hatte. Für mich geht es auch um die Aussöhnung mit dem inneren Gegner. Solange ich auf dem Weg bin, trage ich auch einen Schatten mit mir, einen inneren Gegner. Das sind meine Fehler und Schwächen, meine unterdrückten Triebe und Bedürfnisse. Mit ihnen muß ich mich aussöhnen, solange ich noch auf dem Weg bin. Denn sonst wird es irgendwann einmal zu spät sein. Dann werde ich dem Richter ausgeliefert, der Stimme des eigenen Über-Ichs, das mich unbarmherzig verurteilt. Und mein Über-Ich wird mich dem Gerichtsdiener, dem inneren Peiniger, übergeben. Ich werde mich selbst mit Vorwürfen und Schuldgefühlen zerfleischen. Ich gerate ins Gefängnis meiner eigenen Angst, ins Gefängnis meiner eigenen Dunkelheiten, die ich verdrängt habe. Ich muß mich immer wieder aussöhnen mit mir und meinen inneren Gegnern. Sonst wird es irgendwann einmal zu spät sein. Dann ist die innere Spaltung so groß geworden, daß keine Versöhnung mehr möglich ist.

Um die Versöhnung geht es Jesus auch in der 5. und 6. Antithese. Der Grundsatz »Auge für Auge und Zahn für Zahn« (Mt 5,38) taugt nicht, um den tiefen Riß zu kitten, der durch die menschliche Gesellschaft geht. Vielmehr führt er nur zu neuen Rissen. Wenn wir das Böse wieder mit Bösem vergelten, dann gibt es eine unendliche Kette von Verletzung und Wiedervergeltung. Jede verletzende

Tat wird dann mit einer neuen Verletzung beant-
wortet. So wird die menschliche Gesellschaft immer verletzter, immer kränker, immer zerrissener.
Jesus ruft uns auf, andere Verhaltensweisen aus-
zuprobieren, die für das Miteinander in unserer
Welt dienlicher sind. Es sind keine Gesetze, die
er da aufstellt, sondern er beschreibt Situationen,
in der wir andere Möglichkeiten des Verhaltens
einüben können. Er ruft uns dazu auf, Phantasie
zu entwickeln, um dem Rad der Wiedervergeltung
zu entrinnen. Die vier Verhaltensweisen, die Jesus
im Blick hat, dienen alle der Versöhnung zwischen
den Menschen.

c) Mit Phantasie und Liebe das Böse überwinden

Gegenüber der These der Vergeltung setzt Jesus
den Grundsatz: »Widersteht dem Bösen nicht.«
(Mt 5,39) Es ist nicht der böse Mensch gemeint,
sondern das Böse schlechthin. Der Verzicht auf
den Widerstand gegenüber dem Bösen darf aber
nicht rein passiv verstanden werden, als ob man
nur den Kopf einziehen müsse, um alles Böse über
sich ergehen zu lassen. Vielmehr geht es darum,
das Böse mit Phantasie und Liebe zu überwinden
und es durch Integration in das eigene Lebenskonzept zu entmachten. Wenn ich frontal gegen das
Böse angehe, wird es eine Gegenkraft entwickeln,
die oft noch stärker ist und mich bestimmt. Wenn
ich auf das Böse aber durch phantasievolle Verhaltensweisen antworte, dann kann ich es wirklich
besiegen. Jesus geht es darum, daß wir mit der

Phantasie der Liebe das Böse überwinden und so Wege finden, wie wir miteinander in Frieden und Versöhnung leben können.

Jesus zählt vier Verhaltensweisen auf, wie wir auf neue Weise auf das Böse reagieren können. Es sind keine Gebote, sondern Vorschläge für ein neues Verhalten, das den Riß, der die menschliche Gemeinschaft spaltet, zu heilen vermag. Der erste Rat ist: »Wenn dich einer auf die rechte Wange schlägt, dann halt ihm auch die andere hin.« (Mt 5,39) Es geht in diesem Wort nicht um Gewalt und um den Schmerz, den ein Schlag auf die Wange verursacht, sondern um die Ehre. Auf die Wange schlagen ist ein Zeichen für die Entehrung. Wenn mich jemand entehren möchte, dann hat das seinen Grund meistens darin, daß er sich selbst als wertlos erfährt, daß ihm die Ehre, die ihm zuteil wird, zu gering erscheint. Er muß mich erniedrigen, um sich zu erhöhen. Wenn ich auf dieses Spiel eingehe, dann entsteht eine Kluft zwischen uns, dann gibt es einen Kampf darum, wem nun mehr Ehre gebührt. Ich werde den Neid des Ehrlosen schüren und damit den Riß vertiefen, der Menschen voneinander trennt. Das Wissen um meine Ehre, die ich nicht krampfhaft verteidigen muß, führt auf einen Weg, der diesen Riß zu heilen vermag. Denn er bietet dem anderen an, seine Ehre in sich zu suchen, anstatt sie durch das Entehren anderer herzustellen.

Das zweite Beispiel bezieht sich auf einen anderen Riß, der durch unsere Gesellschaft geht. Es ist der Riß zwischen Prozessierenden. Es ist heute

Mode, wegen geringfügiger Gründe zu prozessieren. Und häufig entstehen dann unüberbrückbare Klüfte, die nicht mehr zu heilen sind. Jesus zeigt hier einen anderen Weg. Wenn einer gegen dich prozessieren will und dein Untergewand pfänden will, dann laß ihm auch den Mantel. (Vgl. Mt 5,40) Jesus nimmt hier ein Beispiel aus der jüdischen Rechtsprechung. Wenn jemand Schulden hatte, konnte man vor Gericht alles von ihm pfänden. Nur der Mantel war nicht pfändbar. Denn den brauchte man als Decke gegen die Kälte der Nacht. Jesus fordert uns nun auf, selbst auf dieses unverpfändbare Recht zu verzichten und statt dessen auf Gott zu vertrauen, der für uns sorgen wird. Auch hier will Jesus kein Gesetz aufstellen, sondern unsere Phantasie anregen, wie wir in den konkreten Situationen unseres Lebens auf neue Weise miteinander umgehen können, wie wir einen Weg zueinander finden, anstatt uns im Prozessieren immer mehr voneinander zu entfernen.

Das Beispiel von den zwei Meilen, die wir mit dem gehen sollen, der uns zu einer zwingt (Mt 5,41), entspringt der Situation der römischen Besatzung. Als Besatzungsmacht hatte jeder Römer das Recht, einen Juden zu zwingen, eine Meile mit ihm zu gehen, entweder um ihm den Weg zu zeigen, oder um für ihn eine Last zu schleppen. Man kann sich vorstellen, wie dieses Recht die Besetzten gedemütigt und in ihnen Haß und Feindschaft geschürt hat. Wenn ein Jude gezwungen war, dem Römer eine Meile seinen Koffer zu schleppen, hat er es vermutlich zähneknirschend

getan. Jesus fordert uns nun auf, das alte Freund-
Feind-Verhältnis zu durchbrechen. »Geh zwei
Meilen mit dem Römer, dann kannst du ihn zu
deinem Freund machen. Und dann wird es dir
selbst besser gehen. Dann hast du einen Menschen
für dich gewonnen.« Dieser Rat Jesu zielt also auf
eine ganz konkrete Situation, auf die einer feindlichen Besatzung eines Landes, die normalerweise
Quelle von Gewalt und Widerstand, von Haß und
Unversöhntsein ist. Jesus zeigt, wie auch in einer
schwierigen Situation Versöhnung möglich wird,
wie da die Kluft zwischen Besetzern und Besetzten
überwunden werden kann.

Eine andere Kluft bezieht sich auf die vierte
Verhaltensweise, die Jesus beschreibt. Es ist die
Kluft zwischen arm und reich, die ja auch heute
oft zur Ursache von Zwiespalt und Krieg wird.
Wir sollen uns nicht abwenden von dem, der etwas
von uns borgen will. Indem wir dem Bittenden
geben, was er bedarf, nehmen wir ihn in unsere
Gemeinschaft auf und überbrücken den Graben,
der die Besitzenden von den Besitzlosen trennt.
(Vgl. Mt 5,42)

d) Die Feindesliebe

Alle vier Verhaltensweisen wollen unsere Phantasie anregen, wie wir heute in unserer Gesellschaft
neue Möglichkeiten des Miteinanders einüben
können, Möglichkeiten, die der Versöhnung dienen und nicht der Entzweiung. Es ist letztlich die
Liebe zum Feind, die die Gräben zwischen den

Menschen überbrückt. Feindesliebe bedeutet dabei nicht, daß ich jeden Psychopathen gewähren lasse, selbst wenn er Kinder sexuell mißbraucht oder gar umbringt. Feindesliebe besteht vielmehr darin, die Feindschaft, die mir entgegengebracht wird, gar nicht anzunehmen, sondern sie zu durchschauen. Feindschaft entsteht durch Projektion. Einer kann etwas bei sich nicht annehmen und projiziert es auf mich. Und er bekämpft es dann bei mir. Normalerweise übernehme ich die Projektion und wehre mich dagegen. Die Feindesliebe weigert sich, den Projektionsmechanismus mitzuspielen. Sie erkennt im anderen nicht den Feind, sondern den, der in sich zerrissen ist und daher mich zerreißen muß. Ich darf mich durchaus vor Menschen schützen, die in sich krank sind und daher andere kränken müssen. Aber ich betrachte den anderen nicht als Feind, sondern als einen Menschen, der der Hilfe bedarf, um wieder mit sich in Einklang zu kommen.

Jesus will uns mit dem Gebot der Feindesliebe herausfordern, unsere Verhaltensweisen zu überprüfen und nicht vorschnell den festgefahrenen Gleisen zu trauen. Denn die zeigen ja, daß sie nur zu Krieg und Gewalt führen. Die Feindesliebe ist für die Kirchenväter das Besondere des Christentums. Mit ihr hat es einen wesentlichen Beitrag geleistet, menschlicher miteinander umzugehen. Allerdings hat das Christentum die Feindesliebe nicht immer praktiziert. Immer wieder ist es sehr aggressiv mit Andersgläubigen umgegangen, etwa in den Kreuzzügen, in der Sachsenmission oder in der Indianermission. Aber immer wieder gab es auch Heilige, die diese aggressive Politik nicht mitmachten, die kreativ waren und Möglichkeiten entdeckten, anders mit Menschen umzugehen, Versöhnung zu stiften und die Menschen zueinander zu führen. In der Geschichte hat das Wort von der Feindesliebe oft dazu geführt, daß man alle aggressiven Impulse unterdrückt hat, um den Feind lieben zu können. Aber die Unterdrückung der Aggression hat dann erst recht zu feindseligem Verhalten geführt. Daher fordert C. G. Jung, daß wir erst den Feind in uns selbst lieben müssen, bevor wir fähig werden, den äußeren Feind zu lieben. Wir müssen uns zuerst aussöhnen mit all dem Feindseligen, das wir in unserer Seele vorfinden, mit den aggressiven und mörderischen Tendenzen, mit dem Neid und der Eifersucht, mit der Angst und der Traurigkeit, mit den Trieben und der Gier in uns. Und die Liebe zum Feind in uns ist oft schwerer als die Liebe zum Feind außerhalb von uns. Das Wort Jesu von Gott, der seine Sonne über Gute und Böse scheinen läßt, zeigt uns einen Weg, wie wir den Feind in uns lieben können. Wir müssen die Sonne unseres Wohlwollens und die Sonne der göttlichen Liebe scheinen lassen über allem, was in uns ist, auch über das Dunkle und Bedrohliche, auch über das Böse. Dann wird das Licht der Liebe das Böse verwandeln.

Sich mit dem Aggressiven und Dunklen in sich auszusöhnen heißt aber nicht, es auch auszuleben. Was angenommen wird, kann auch verwandelt werden. Der Regen, der über das Gerechte und Ungerechte in uns niedergehen soll, soll die starren Fronten aufweichen, die wir in uns zwischen gut und böse, zwischen gerecht und ungerecht aufgestellt haben. Wir meinen, wir könnten in uns genau einteilen zwischen richtig und unrichtig. Doch die Grenzen sind fließend. Der Regen steht für den befruchtenden Geist Gottes, der beides in uns durchdringen soll, das Gerechte und das Ungerechte. Die eigene Gerechtigkeit wird ohne den Geist Gottes hart und pharisäerhaft. Sie braucht genauso den Regen des göttlichen Geistes wie das Ungerechte in uns. Dann kann überall in uns die Frucht des göttlichen Lebens aufgehen. Jesus schließt die sechs Antithesen ab mit dem Wort, das viele Mißverständnisse nach sich gezogen hat: »Ihr sollt also vollkommen sein, wie es auch euer himmlischer Vater ist!« (Mt 5,48) Da die Vulgata das ›vollkommen‹ mit ›perfecti‹ übersetzt hat, haben viele gemeint, sie müßten ohne Fehler sein, sie müßten perfekt sein. Das hat aber gerade dazu geführt, daß sie all das Unvollkommene in sich verdrängt und auf andere projiziert haben.

Auf diese Weise haben sie den Riß zwischen den Menschen noch mehr vertieft. Denn die Projektion unserer Probleme auf die anderen schafft Zwiespalt und Trennung. Das griechische Wort ›teleios‹ meint vollkommen, ganz, vollständig. Es kommt von ›telos‹, das Ziel, Vollendung, Erfüllung, Reifung, Würde bedeutet. ›Telos‹ kann auch den Sinn von heiliger Weihe haben. Es wird in den

Mysterienkulten verwendet und meint dann, daß wir eingeweiht werden in das Geheimnis Gottes.

Im Johannesevangelium wird das Wort ›telos‹ im Zusammenhang mit der Liebe gebraucht, die Jesus den Seinen bis zur Vollendung erweist. Wenn wir das auf unsere Stelle beziehen, dann würde es heißen: Wenn ihr so handelt, wie ich es euch aufgezeigt habe, dann werdet ihr mehr und mehr hineingeführt in das Geheimnis Gottes, dann habt ihr teil an seiner Vollkommenheit, an seiner göttlichen Liebe, dann habt ihr verstanden, wer Gott wirklich ist. Das neue Verhalten führt also zu einer tieferen Gotteserfahrung, zur Erfahrung der vollkommenen Liebe Gottes, wie sie uns in Jesus Christus sichtbar erschienen ist und wie sie – nach dem Johannesevangelium – am klarsten am Kreuz aufgeleuchtet ist. Durch das neue Verhalten, in das uns die Bergpredigt einweisen möchte, verwirklichen wir mehr und mehr, was wir schon sind und was wir im Gebet schon erfahren haben: Wir sind Söhne und Töchter Gottes, nehmen teil an Gottes Leben und Liebe, sind befähigt, einander die gleiche Liebe zu schenken, die Gott uns in Jesus Christus erwiesen hat.

II. Versöhnung und Vergebung im persönlichen Bereich

Versöhnung mit sich selbst

Die sicherlich schwierigste Aufgabe ist die Versöhnung mit sich selbst. Wir liegen oft genug im Streit mit uns, mit den verschiedenen Strebungen in uns. Wir können uns selbst nicht vergeben, wenn wir einen Fehler gemacht haben, der unser Image nach außen hin ankratzt. Wir können nicht Ja sagen zu unserer Lebensgeschichte. Wir rebellieren dagegen, daß wir diese Erziehung hatten, daß wir in diese Situation der Weltgeschichte hineingeboren wurden, daß sich unsere Träume vom Leben nicht verwirklichen ließen, daß wir als Kinder so tief verletzt und an unserer Entfaltung gehindert wurden. Manche bleiben ihr Leben lang in der Anklage und Rebellion gegen ihr Schicksal stehen. Sie klagen bis an ihr Lebensende ihre Eltern an, daß sie von ihnen nicht die Liebe bekommen haben, die sie gebraucht hätten. Sie klagen die Gesellschaft an, daß sie ihr nicht die Chancen eingeräumt hat, die sie von ihr erwartet hatten. Immer sind es die anderen, die schuld sind an ihrer Misere. Sie fühlen sich ihr Leben lang als Opfer. Damit entschuldigen sie ihre Lebensverweigerung.

Sie lehnen es ab, sich mit ihrer Lebensgeschichte auszusöhnen, und zugleich weigern sie sich, die Verantwortung für ihr Leben zu übernehmen. Und weil sie für sich selbst keine Verantwortung übernehmen, sind sie auch nicht bereit, in der Gesellschaft eine verantwortliche Stellung zu bekleiden. Sie bleiben ständig auf der Anklagebank. Immer sind die anderen schuld: die Regierung, der Bürgermeister, die Behörden, die Gesellschaft, die Kirche, die Familie. Letztlich verweigern sie mit ihrem ständigen Protest und ihrer permanenten Anklage das Leben selbst. Sie leben nicht wirklich, sondern erleben sich als Ankläger vor Gericht, indem sie über die anderen urteilen wollen, ohne sich selbst dem Gericht zu stellen. Pascal Bruckner hat als Kennzeichen unserer Gesellschaft die ›Victimisierung‹ beschrieben, die Haltung, sich ständig als Opfer zu fühlen, und die Weigerung, selbst Verantwortung zu übernehmen. Die Versöhnung mit sich selbst bzw. die Verweigerung der Aussöhnung hat auch gesellschaftliche und politische Auswirkungen.

a) Versöhnung mit meiner Lebensgeschichte

Versöhnung mit sich selbst heißt zuerst, sich mit der eigenen Geschichte auszusöhnen. Ganz gleich, in welcher Zeit wir geboren wurden, es gibt immer Situationen, denen wir gerne ausgewichen wären. Die Kriegsgeneration hat Schlimmes erlebt. Aber die Kinder des Wirtschaftswunders beklagen sich genauso, daß ihre Kindheit nicht glücklich war, daß die Eltern sie vor lauter Faszination von Geld und Erfolg vernachlässigt hätten. Und die Kinder der 68er-Generation klagen ihre Eltern an, daß sie sich vor lauter Rebellion geweigert hätten, erwachsen zu werden und ihre Aufgabe als Eltern wahrzunehmen. Es gibt nie die ideale Zeit, in die wir hineingeboren werden. Und es gibt nie die idealen Eltern, die wir uns gewünscht hätten. Auch wenn die Eltern es noch so gut meinen, werden Kinder verletzt. Gerade in der Beziehung zu unseren Geschwistern erleben wir, daß diese vorgezogen und wir benachteiligt werden. Die Eltern können noch so gerecht sein, wir werden dennoch das Gefühl haben, nicht in gleicher Weise beachtet zu werden.

Viele haben allerdings eine große Last mit sich herumzuschleppen. Sie haben den Vater oder die Mutter früh verloren. Oder der Vater war unzuverlässig. Er hat getrunken und war nach exzessivem Alkoholgenuß unberechenbar, so daß die ganze Familie sich vor ihm fürchten mußte. Die Mutter war depressiv und konnte den Kindern kein Urvertrauen schenken. Ein Kind wurde zu Verwandten abgeschoben, weil die Mutter sich nicht in der Lage sah, es zu erziehen. Mädchen wurden sexuell mißbraucht von nahen Verwandten oder sogar vom eigenen Vater. Das sind Hypotheken, die nicht so leicht abzutragen sind. Und es braucht oft eine Therapie, um mit solchen Verletzungen fertig zu werden. Aber jede Wunde kann heilen. Wir können uns unsere Kindheit nicht aussuchen. Aber irgendwann einmal müssen wir uns aussöhnen mit allem, was wir erlebt und erlitten haben. Nur wenn wir bereit sind, uns auch mit unseren Wunden auszusöhnen, können sie sich wandeln. Für Hildegard von Bingen ist es die eigentliche Aufgabe des Menschen, seine »Wunden in Perlen zu verwandeln«. Das gelingt aber nur, wenn ich Ja sage zu meinen Wunden, wenn ich aufhöre, andere dafür verantwortlich zu machen. Die Versöhnung mit meinen Wunden geht allerdings erst einmal über das Zulassen des Schmerzes und der Wut denen gegenüber, die mich verletzt haben. Die Versöhnung mit meinen Verletzungen bedeutet dann zugleich, daß ich denen, die mich gekränkt haben, vergebe. Der Prozeß der Vergebung braucht allerdings oft lange. Es ist nicht einfach ein Willensakt. Ich muß nochmals das Tal der Tränen durchschreiten, um dann an das Ufer der Versöhnung zu gelangen. Von dort kann ich zurückblicken und verstehen, daß die Eltern mich nicht bewußt verletzt haben, sondern nur deshalb, weil sie selbst als Kinder getreten worden sind. Es gibt keine Versöhnung mit meiner Lebensgeschichte ohne Vergebung. Ich muß denen, die mich verletzt haben, vergeben. Nur so kann ich die Vergangenheit loslassen, nur so kann ich mich vom ständigen Kreisen um meine Wunden befreien, nur so werde ich frei vom destruktiven Einfluß derer, die mich gekränkt und entwertet haben.

Ich erinnere mich an eine Frau, die in der Therapie lang und breit ihre Mutterwunde angeschaut hat. Sie wußte genau Bescheid über die Mechanismen, mit denen ihre Mutter sie verletzt hat.

Aber sie kam trotz aller Therapie nicht davon los. Das Wissen allein heilt also die Wunden nicht. In unserer monatlichen Jugendvesper konnte sie laut eine Fürbitte für ihre Mutter sprechen und ihr vor den anderen vergeben. Das hat sie befreit. Jetzt hatte sie das Gefühl, daß die Therapie abgeschlossen ist, daß sie wirklich frei geworden ist von ihrer Mutter, an die sie durch ihre Wut immer noch gebunden war. Aber vermutlich brauchte sie auch die lange Zeit des Schmerzes und der Wut, um dann im Gebet die Vergebung nicht nur mit den Lippen, sondern auch mit dem Herzen aussprechen zu können.

Viele machen Gott für ihre verworrene Lebensgeschichte verantwortlich. Sie brauchen die Anklage gegen Gott, um einen Grund zu haben, ihr Leben zu verweigern. Gott ist schuld, daß sie in diese Familienkonstellation hineingeraten sind, daß sie diese Eigenschaften mitbekommen haben, daß sie so viele Defizite haben und so große Lasten mit sich herumschleppen müssen. Gott habe sie ungerecht behandelt, habe sie fallen gelassen und sich nicht um sie gekümmert. So leben sie unversöhnt, in sich selbst zerrissen, unzufrieden mit sich und aller Welt, in ständigem Protest gegen Gott, der für ihr Schicksal verantwortlich sei. Sie können Gott nicht vergeben, der ihnen dieses Geschick bereitet hat. Manche tun sich schwer mit der Vorstellung, daß sie Gott vergeben sollen. Aber zur Annahme der eigenen Lebensgeschichte gehört es auch, daß wir Gott vergeben können, daß er uns diesen Weg zugemutet hat.

b) Ja zu mir sagen

Die Versöhnung mit sich selbst bedeutet ferner, ja sagen zu dem, der ich geworden bin, ja sagen zu meinen Fähigkeiten und Stärken, aber auch zu meinen Fehlern und Schwächen, zu meinen Gefährdungen, zu meinen empfindlichen Stellen, zu meinen Ängsten, zu meiner depressiven Neigung, zu meiner Bindungsunfähigkeit, zu meinem geringen Durchhaltevermögen. Ich muß liebevoll auf das schauen, was mir gar nicht liegt, was meinem Selbstbild so ganz und gar widerspricht, auf meine Ungeduld, auf meine Angst, auf mein geringes Selbstwertgefühl. Das ist ein lebenslanger Prozeß. Denn auch wenn wir meinen, wir hätten uns längst ausgesöhnt mit uns selbst, so tauchen immer wieder Schwächen in uns auf, die uns ärgern, die wir am liebsten verleugnen würden. Dann gilt es von neuem, ja zu sagen zu allem, was in uns ist.

Ja sagen zu mir selbst, heißt, mich mit meinem Schatten auszusöhnen. Der Schatten ist für C. G. Jung das, was wir nicht zugelassen haben, was wir vom Leben ausgeschlossen haben, weil es unserem Bild von uns selbst nicht entsprochen hat. Der Mensch, so sagt Jung, ist polar angelegt. Er bewegt sich immer zwischen zwei Polen, zwischen Verstand und Gefühl, zwischen Disziplin und ›Sich-gehenlassen‹, zwischen Liebe und Haß, zwischen anima und animus, zwischen Geist und Trieb. Es ist ganz normal, daß wir in der ersten Lebenshälfte einen Pol besonders entfalten und den anderen dabei vernachlässigen. Der vernachlässigte Teil wird dann in den Schatten verbannt. Dort gibt er aber keine Ruhe, sondern rumort weiter in uns. Das verdrängte Gefühl äußert sich in uns als Sentimentalität. Wenn die Aggression verdrängt wurde, weil sie nicht unserem Selbstbild entsprach, äußert sie sich oft in Härte und Kälte oder aber in der Depression, in der wir die Aggression gegen uns selbst richten. Spätestens in der Lebensmitte sind wir herausgefordert, uns dem Schatten zu stellen und uns mit ihm auszusöhnen. Sonst werden wir krank, sonst entsteht in uns ein Zwiespalt und wir werden innerlich zerrissen. Wir müssen uns damit aussöhnen, daß in uns nicht nur Liebe ist, sondern auch Haß, daß trotz allen religiösen und moralischen Strebens auch mörderische Tendenzen in uns sind, sadistische und masochistische Züge, Aggressionen, Wut, Eifersucht, depressive Stimmungen, Angst und Feigheit.

In uns ist nicht nur eine spirituelle Sehnsucht, sondern auch gottlose Bereiche, die gar nicht fromm sein wollen. Wer sich dem eigenen Schatten nicht stellt, der projiziert ihn unbewußt auf andere. Er gibt die eigne Disziplinlosigkeit nicht zu und sieht sie nur bei den anderen. Dann schimpft er über den Ehepartner, den Freund, den Mitarbeiter, die ihr Leben nicht konsequent leben und sich zu sehr gehen lassen. Den Schatten annehmen heißt nicht, ihn einfach auszuleben, sondern zuerst einmal, ihn sich einzugestehen. Das verlangt Demut, den Mut, herabzusteigen vom hohen

Idealbild, sich hinabzuneigen in den Schmutz der eigenen Realität. Das lateinische Wort für Demut, ›humilitas‹, meint, daß wir unsere eigene Erdhaftigkeit, den ›humus‹ in uns, annehmen.

Zur Aussöhnung mit sich selbst gehört auch die Aussöhnung mit dem eigenen Leib. Das ist gar nicht so einfach. Den Leib können wir nicht ändern. In Gesprächen erfahre ich immer wieder, wieviel Menschen an ihrem Leib leiden. Der Leib ist nicht so geworden, wie sie ihn gerne hätten. Er entspricht nicht dem Idealbild, das die gesellschaftliche Mode heute vom Mann oder von der Frau hat. Viele fühlen sich zu dick und genieren sich deshalb. Sie halten ihr Gesicht nicht für attraktiv. Sie fühlen sich in ihrem Körperbau benachteiligt. Frauen leiden darunter, wenn sie zu groß sind, Männer, wenn sie zu klein sind. Nur wenn ich meinen Leib liebe, so wie er ist, wird er auch schön. Denn Schönheit ist ja relativ. Es gibt die schöne Puppe, die aber kalt und ausdruckslos ist. Schönheit heißt, daß Gottes Herrlichkeit durch mich hindurch strahlt. Das wird sie aber nur, wenn ich meinen Leib annehme und Gott hinhalte. Nur so kann er durchlässig werden für Gottes Liebe und Schönheit.

Ich gebe manchen, die an ihrer Lebensgeschichte, an ihrem Schatten oder an ihrem Leib leiden, bewußt als Übung auf, sich vor die Ikone zu setzen und im Blick auf Jesus Christus zu sagen: »Es ist alles gut. Es darf alles so sein, wie es ist. Es hat alles seinen Sinn. Ich danke Dir, daß ich so geworden bin, wie ich jetzt bin. Ich danke Dir für meine Geschichte, für die Höhen und Tiefen, für die Irrwege und Umwege. Du hast mich geleitet. Ich danke Dir für meinen Leib. Er ist einmalig. Ich fühle mich in ihm zuhause. Er ist Tempel des Heiligen Geistes, Ort Deiner Herrlichkeit.« Das ist oft gar nicht so einfach. Wenn ich gerade meiner Not begegnet bin, widerstrebt es mir, dafür auch noch zu danken. Und wenn ich gegen meinen Leib rebelliere, fällt es mir nicht so leicht, ihn lieb zu gewinnen. Aber ob ich meinen Leib lieben kann oder nicht, hängt nicht nur von seiner Beschaffenheit ab, sondern von meiner eigenen Sichtweise. Jeder Leib ist schön, wenn ich ihn vorurteilslos anschaue, wenn ich ihn als Kunstwerk Gottes betrachte. Wenn ich versuche, mich und meinen Leib, meine Lebensgeschichte und meinen Charakter von Gott her zu sehen und Gott dafür zu danken, dann kommt auf einmal ein tiefer Friede in mir auf. Ich spüre eine Weite. Und ich erahne, daß alles wirklich gut ist, daß mich gerade auch das Schwere in meinem Leben wachhält, damit ich mich wirklich auf Gott verlasse und nicht auf mich selbst.

Noch schwerer ist es, uns mit unserer eigenen Schuld zu versöhnen und sie uns zu vergeben. Wir können uns nur selbst vergeben, wenn wir mit ganzem Herzen daran glauben, daß Gott uns vergeben hat, daß wir von Gott bedingungslos angenommen sind. Viele nehmen die Vergebung Gottes nicht ernst. Sie sagen zwar, daß sie daran glauben. Sie sind zur Beichte gegangen und haben ihre Schuld bekannt. Aber im Innersten des Herzens haben sie sich ihr Versagen nicht verziehen. Sie werfen sich immer noch vor, daß sie damals diese Schuld auf sich geladen haben. Ich erlebe gerade bei älteren Männern, die im Krieg waren, daß sie sich selbst verurteilen und verdammen. Sie erinnern sich, in welche Greueltaten sie verstrickt waren. Jahrelang haben sie das verdrängt. Nun taucht es wieder auf. Und sie können sich nicht mehr verzeihen. Sie können nicht daran glauben, daß Gott ihnen wirklich vergeben hat. So zerfleischen sie sich mit Schuldvorwürfen. Sie haben in sich einen unbarmherzigen Richter, der sie erbarmungslos verurteilt. Gott ist viel gnädiger mit uns, als wir es uns selbst gegenüber sind. »Wenn das Herz uns auch verurteilt – Gott ist größer als unser Herz, und er weiß alles.« (1 Joh 3,20) An die Vergebung Gottes zu glauben, heißt, Gott an die Stelle unseres unbarmherzigen Über-Ichs zu setzen, zu vertrauen, daß Gott alles in uns annimmt, daß er das, was wir uns immer noch vorwerfen, längst weggeworfen, abgewischt, verwandelt hat. Der Glaube an die Vergebung durch Gott soll unseren Blick von unserer eigenen Schuld abziehen und ihn auf Gottes Barmherzigkeit lenken. Vor Gottes gütigen Augen können wir den Frieden mit uns selbst finden und Ja sagen zu uns, eben weil wir ganz und gar von Gott bejaht sind.

Eine junge Frau wirft sich immer noch vor, daß sie ihren Freund verletzt hat, von dem sie sich längst getrennt hat. Sie konnte sich nicht selbst vergeben, daß sie in der Freundschaft Fehler gemacht hat. Und diese Unfähigkeit legt sich immer wieder lähmend auf die neue Beziehung. Sie hat Angst, daß die alten Mechanismen wieder kommen könnten. Sie spürt, daß sie sich selbst vergeben muß, damit sie wirklich neu anfangen und sich ohne innere Belastung auf den jetzigen Freund einlassen kann. Solange sie sich selbst nicht vergibt, hängt ihr die Vergangenheit nach und hindert sie am gegenwärtigen Glück. Die Vergebung sich selbst gegenüber ist manchmal noch schwerer, als dem anderen zu vergeben. Aber sie ist die Voraussetzung, daß wir bewußt und achtsam im Augenblick leben können, ohne die Trübungen der vergangenen Schuld, die wir uns insgeheim immer noch vorwerfen.

Beim Propheten Jesaja spricht Gott uns zu: »Wären eure Sünden auch rot wie Scharlach, sie sollen weiß werden wie Schnee. Wären sie rot wie Purpur, sie sollen weiß werden wie Wolle.« (Jes 1,18) Wenn Gott uns vergibt, dann verliert unsere Schuld ihre Kraft, dann kann sie uns nicht mehr trüben, dann sieht man sie unserer Haut nicht mehr an. Sie wird vielmehr weiß wie Schnee, wir fühlen uns wie neugeboren. Wir können wieder ganz neu anfangen. Das Alte belastet uns nicht mehr. Aber wir müssen auch an die Kraft der vergebenden Liebe Gottes glauben, indem wir uns selbst vergeben und uns so von der destruktiven Macht unserer Schuld befreien.

Die Versöhnung mit dem Nächsten

Nur wer mit sich selbst versöhnt ist, kann sich auch mit den Menschen in seiner Umgebung versöhnen. Wer in sich selbst gespalten ist, der wird auch die Menschen um sich herum spalten. Die Versöhnung mit den Menschen ist nur möglich, wenn wir bereit sind, ihnen zu vergeben, was sie uns angetan haben. Viele Christen möchten dem anderen vergeben. Aber es gelingt ihnen nicht. Wenn sie es noch so sehr mit dem Willen versuchen, so spüren sie, daß die Verletzung doch weiter in ihnen bohrt. Und wenn sie dem begegnen, der sie so sehr verletzt hat, dann fühlen sie sich wie gelähmt. Sie können nicht auf ihn zugehen. Sie spüren, wie ihnen der Atem stockt, wie ihr Herz schneller schlägt und wie es ihnen die Kehle zuschnürt. Sie können nicht einfach durch einen Willensentschluß vergeben. Sie müssen die eigene Verfassung berücksichtigen und auf ihren Leib hören, der ihnen sagt, daß es noch zu früh ist, zu vergeben.

a) Schritte zur Versöhnung

Damit wir von Herzen vergeben können, müssen wir die Schritte der Vergebung und Versöhnung der Reihe nach gehen. Wir dürfen keinen Schritt überspringen, sonst bleibt die Vergebung nur im Willen stecken, erreicht aber nicht das Herz. Der erste Schritt der Vergebung ist, daß wir nochmals den Schmerz zulassen, den der andere uns angetan

hat. Wir müssen den Schmerz von neuem durch-
leiden, um uns davon verabschieden zu können.
Manchmal haben wir bei der Verletzung gar nicht
wahrgenommen, was da eigentlich abgelaufen ist.
Es hat irgendwie weh getan. Aber schon im näch-
sten Augenblick haben wir uns anderen Dingen
zugewandt und das verletzende Wort verdrängt.
Manchmal kommt der ganze Schmerz erst hoch,
wenn wir uns nochmals erinnern, wie das genau
war. Dann wird uns erst klar, wie unfair und gemein wir da behandelt wurden und wie sehr uns
die Worte getroffen haben.

Der zweite Schritt besteht darin, daß wir Ärger
und Wut zulassen, die in uns aufkommen, wenn
wir dem gegenüberstehen, der uns verletzt hat.
Die Vergebung steht am Ende der Wut und nicht
am Anfang. Solange der andere, der uns verletzt
hat, noch in uns steckt, kann die Wunde nicht
heilen. Wenn das Messer in der Wunde bleibt,
wird die Wunde sich niemals schließen. Die Wut
ist die Kraft, das Messer der Verletzung aus uns
herauszuwerfen, den, der uns verletzt hat, aus
unserem Herzen zu weisen. Wir brauchen erst
eine gesunde Distanz zum Verwunder, um ihm
gegenüber treten zu können. Erst dann sind wir
fähig, ihm ins Antlitz zu schauen. Solange er noch
in uns ist, erkennen wir ihn gar nicht richtig. Wir
spüren nur die Verletzung, sehen aber nicht das
Gesicht dessen, der uns verletzt hat. Wenn wir ihn
aus einer gesunden Distanz heraus sehen, erkennen
wir vielleicht, daß er selbst ein verletztes Kind
ist, daß er einfach um sich geschlagen hat, weil

er selbst soviel geschlagen worden ist, daß er uns gekränkt hat, weil er selbst krank ist.

Der dritte Schritt der Vergebung besteht darin, daß wir aus der Distanz heraus, die wir durch unsere Wut gewonnen haben, nun objektiver beurteilen, was uns so tief verletzt hat. Wir sehen dann, worin die Verletzung eigentlich lag, was da wirklich abgelaufen ist. Und wir erkennen, inwieweit der andere einen Bereich in uns getroffen hat, in dem wir schon verletzt sind und daher empfindlich auf jedes Wort reagieren. Wenn die Verletzung uns an der empfindlichen Stelle trifft, dann reißt sie die alte Wunde wieder auf. Und das tut mehr weh als die Verletzung selbst. Wenn wir die Wut zugelassen haben, können wir besser unterscheiden, ob der andere uns bewußt verletzen wollte oder ob wir nur deshalb so gekränkt wurden, weil das Wort die kranke Stelle in uns berührt und die alte Narbe wieder aufgebrochen hat.

Ich erlebe vor allem bei Frauen, die in der Kindheit von nahen Verwandten sexuell mißbraucht worden sind, daß sie sich sehr schwer tun, die Wut zuzulassen. Aber solange sie nicht in Berührung kommen mit ihrem Zorn, können sie die Verletzung nicht objektiv sehen und nicht davon frei werden. Sie bleiben dann in ihren Gefühlen verwirrt. Neben einem abgrundtiefen Schmerz spüren sie zugleich Traurigkeit und Schuldgefühle. Die Traurigkeit lähmt sie und mit den Schuldgefühlen verletzen sie sich selbst. Sie machen sich Vorwürfe, daß sie immer wieder zu dem Onkel gegangen sind, der sie mißbraucht hat, daß sie

54

sich nicht entsprechend gewehrt haben. Sie merken gar nicht, daß sie als Kind ohnmächtig waren. Sie suchen bei sich den Anteil an Schuld. Damit setzen sie die Verletzung fort, die ihnen der andere angetan hat. Sie müssen daher mit ihrer Wut in Berührung kommen. Sie sollen nicht zu schnell Verständnis für den anderen aufbringen. Es war brutal, was der andere ihnen angetan hat. Es war unverzeihlich. Eine tiefe Verletzung. Der andere hat sie an einer ganz intimen Stelle verletzt, sie in ihrem Personsein gekränkt, in ihrem Frausein, in ihrer menschlichen Würde. Schuld ist nie das Kind, das eine ganz natürliche Beziehung zu seiner Sexualität hat, sondern immer der Erwachsene, der das Kind mißbraucht. Erst wenn die mißbrauchte Frau den anderen aus sich herauswirft, kann sie sich auch Gedanken leisten wie: »Der andere war ja auch verletzt. Vielleicht ist er als Kind auch mißbraucht worden. Vielleicht kam er mit seiner Sexualität nicht zurecht. Vielleicht war er krank, gehemmt, auf seine Sexualität fixiert.« Dann können langsam Gedanken der Vergebung hochkommen. Und irgendwann wird das Herz wirklich vergeben können. Wir lassen die Verletzung los. Wir geben sie weg, wir übergeben sie Gott, damit er die Wunde heile.

Der vierte Schritt ist dann die Befreiung von der Macht des anderen. Solange wir einem anderen nicht vergeben, geben wir ihm Macht über uns. Denn wir sind innerlich immer noch an ihn gebunden. Wir haben die Verletzung vielleicht verdrängt. Aber sobald wir an den anderen denken, kommen

Gefühle der Verzweiflung und des Hasses hoch, die uns selbst nicht guttun. Wir tun uns keinen Gefallen, wenn wir an unserem Haß festhalten. Der Haß kann eine Zeitlang durchaus gut sein. Er kann uns die Kraft geben, uns vom anderen zu distanzieren. Aber wenn wir an unserem Haß festhalten, wird er uns zerfressen. Dann bleiben wir immer in der Unfreiheit stecken. Der andere hat immer noch Macht über uns. Manche werden nie gesund, weil sie dem, der sie verletzt hat, noch nicht vergeben haben. Manche können nicht sterben, weil sie nicht fähig sind, denen zu vergeben, die sie verletzt haben. In ihrem Herzen bleibt noch etwas Fremdes stecken. Die Vergebung befreit sie von diesem kalten Stein, der ihr Herz beschwert, von dem Gift, das sie innerlich verbittert. Wenn wir uns in der Vergebung von der Macht des anderen und von seinem vergiftenden Einfluß befreien, dann tut es uns selbst gut, dann ist Vergebung keine Überforderung, sondern Befreiung und Heilung.

b) *» Vater, vergib ihnen, denn ...«*

Bei einem Fastenkurs lud ich die Teilnehmer ein, sie sollten das Wort Jesu am Kreuz meditieren: »Vater, vergib ihnen, denn sie wissen nicht, was sie tun.« (Lk 23,34) Jeder sollte sich nacheinander drei Personen vorstellen, denen gegenüber er zuerst den Schmerz und die Wut zulassen sollte über die Verletzung, die sie ihm angetan hatten. Und dann sollte er ihnen gegenüber das Wort Jesu sagen und sich vorstellen: »Ich vergebe ihm genauso, wie es

Jesus am Kreuz getan hat. Denn er wußte ja gar nicht, was er mir getan hat.« Jedem fielen sofort Menschen ein, denen er noch nicht wirklich vergeben hatte. Manche erzählten, die Menschen, mit denen sie immer noch unversöhnt leben würden, denen sie immer noch nicht vergeben hätten, würden in ihnen wie ein unverdauter Brocken liegen. Sie wären wie eine Last, die sie nach unten zieht, wie ein Stein, der sich schwer auf ihre Seele legt. Oft sind sie auf der Flucht, um nicht daran zu denken. Aber das hindert sie daran, innerlich zur Ruhe zu kommen. Sie spüren, daß die Menschen, denen sie nicht vergeben haben, sie am Leben und an der Liebe hinderten und davon abhielten, sich ganz auf den Augenblick einzulassen. Für einen Vater wurde diese Meditation zum Anlaß, sofort heimzufahren und mit seinem Sohn zu sprechen, mit dem er in einem Dauerkonflikt lag, weil er ihm sein oft unverständliches Benehmen nicht vergeben konnte.

Bei diesen Berichten wurde mir bewußt, wie sehr die Vergebung für die Menschen ein auf der Seele brennendes Thema ist. Auch wenn wir nicht viel von Vergebung sprechen, so begegnet jeder in Augenblicken der Stille doch einer Reihe von Menschen, denen er noch nicht vergeben hat. Sie sind wie eine unbewältigte Last, die sie mit sich herumschleppen. Wenn sie diese Last nicht in der Vergebung loslassen, dann werden sie davon niedergedrückt, depressiv oder reagieren mit einer Krankheit darauf, die sie sich nicht erklären können. Daher sind wir es uns und unserer Gesundheit schuldig, daß wir uns öfter einmal Zeit nehmen und uns fragen, ob es da noch Menschen gibt, denen wir noch nicht vergeben haben oder denen wir noch nicht vergeben können.

Für manche war es sehr schwierig, sich das Wort Jesu vorzustellen: »Denn sie wissen nicht, was sie tun.« Sie rebellierten und meinten, diejenigen hätten genau gewußt, was sie ihnen mit ihren Worten antun würden. Sie hätten es vorsätzlich getan und sie bewußt an ihrer empfindlichen Stelle getroffen. Sie wollten sehen, daß es uns weh tat, daß wir verletzt waren, unfähig, angemessen zu reagieren. Sie wollten den Triumph auskosten, daß sie uns getroffen hatten und wir uns nun tagelang über die Kränkung grämten. Sicher haben die anderen uns nicht nur aus Versehen verletzt. Oft wollten sie uns bewußt kränken. Aber dennoch hilft mir das Wort Jesu beim Prozeß der Vergebung. Denn ich stelle mir vor, daß sie im Tiefsten nicht wissen, was sie tun. Sie sind blind. Sie sind so verletzt, daß sie gar nicht anders können, als die Verletzungen weiterzugeben. Sie stehen unter dem Zwang, andere zu verletzen, um an die eigene Stärke glauben zu können. Sie fühlen sich so schwach und so gekränkt, daß sie die eigene Lebendigkeit nur dann spüren, wenn sie andere kränken. Wenn ich mir das vorstelle, dann haben sie keine Macht mehr über mich. Dann werden sie vor meinen Augen zu verletzten Kindern. Sie sind nicht das Monster, vor dem ich Angst habe, sondern ein verletztes Kind, mit dem ich Mitleid empfinde.

Manchen hilft es, sich vorzusagen, daß die anderen zwar genau wußten, was sie taten, aber es war ihnen nicht bewußt, was sie gerade mir antaten. Sie waren so von den eigenen Zwängen bestimmt, daß sie mich und meine innere Situation gar nicht wirklich sehen konnten. Die Mörder Jesu waren ja auch verbohrt. Sie waren so in ihrem religiösen Fanatismus befangen, daß sie Jesus als Störenfried erlebten und beseitigen mußten. Sie wähnten sich als Erfüller des göttlichen Gebotes. So mag es manchem gehen, der mich verletzt. Er sieht sich im Recht. Er meint vielleicht sogar, er würde Gottes Willen erfüllen. Er ist in sich selbst gefangen. Mit dem Wort »Vater, vergib ihnen, denn sie wissen nicht, was sie tun«, distanziert sich Jesus von diesen Menschen. Er befreit sich aus ihrer Macht. Er spielt nicht die Rolle des Opfers, das alles auf sich nimmt, sondern er zieht sich zurück auf sein Inneres. Dort ist er unverletzlich und frei. So ist die Vergebung ein Zeichen der Stärke und nicht der Schwäche.

Manch einer bohrt immer wieder in der Wunde, die andere ihm zugefügt haben. Er kann es nicht fassen, daß jemand so gemein sein kann, ihn so zu verletzen. Aber oft mischt sich in diesen Schmerz Ohnmacht und Resignation. Man schwimmt dann im Selbstmitleid und kommt aus eigener Kraft nicht heraus. Man gibt dem anderen soviel Macht, daß die Erinnerung an ihn einen immer wieder neu verletzt. Das Wort Jesu nimmt dem Kränkenden die Macht. Er ist selbst krank. Wenn ich mir das vorstelle, kann ich mich von ihm distanzieren.

Dann bin ich wieder ganz ich selbst. Dann entdecke ich in mir wieder den Raum, in dem mich niemand verletzen kann. Jesus war am Kreuz trotz aller Schmerzen in Berührung mit dem Vater. Das zeigt sein letztes Wort bei Lukas: »Vater, in deine Hände lege ich meinen Geist.« (Lk 23,46) Er wußte sich in der Hand des Vaters. Er war bei sich. Und dort, wo er bei sich war, dort konnten die Menschen ihn nicht erreichen mit ihrem Haß und ihren Kränkungen. In uns ist ein Ort des Schweigens, ein Ort, in dem Gott in uns wohnt. Dort können uns Menschen nicht verletzen. In diesen inneren Raum dringen die kränkenden Worte nicht vor. Da sind wir ganz bei uns und ganz bei Gott. Von diesem Raum aus können wir vergeben. Denn dieser Raum ist unverletzt geblieben. Wenn wir vom emotionalen Bereich her dem anderen vergeben möchten, dann gelingt es uns meistens nicht. Denn dort steckt ja noch das Messer der Verletzung. Und solange das Messer noch in der Wunde steckt, können wir nicht vergeben. Dann wäre Vergebung Masochismus. Wir würden nur in der Wunde herumwühlen und sie so immer größer werden lassen. Wir würden die Verletzung des anderen fortsetzen und uns selbst verletzen.

Das Gebet Jesu richtet sich an den Vater. Der Vater soll den Menschen vergeben, die ihn verletzen. Das ist für mich auch eine Hilfe, wirklich vergeben zu können. Ich selbst muß mich nicht zwingen zu vergeben. Ich sage nicht: »Ja, ich vergebe dir. Ich habe dir schon vergeben.« Wir wissen, daß solche Worte oft nicht stimmen.

Sie entspringen unserem Willen. Aber in uns sind noch viele Bereiche, die noch nicht fähig sind zu vergeben. So würden wir uns mit solchen Worten etwas vormachen. Wenn ich aber zu Gott bete, daß er ihnen vergeben möge, dann entlaste ich mich von dem Zwang, daß ich vergeben müßte. Und zugleich wächst mit dem Gebet auch in mir die Bereitschaft zu vergeben. Wenn ich das lange genug bete, spüre ich, daß mein Groll vergeht, daß mein Schmerz heilt und daß ich in Freiheit vergeben kann. Solche Vergebung bewirkt in mir immer einen tiefen Frieden und das Gefühl der Freiheit. Ich fühle mich nicht überfordert oder vergewaltigt, sondern frei. Der andere hat keine Macht mehr über mich.

c) Zusage der Vergebung

Wenn ich dem anderen vergebe, soll ich es ihm dann auch sagen? Ich soll dem anderen sicherlich vermitteln, daß ich ihm seine Verletzungen vergeben habe. Diese Vermittlung kann dadurch geschehen, daß ich ihm freundlich begegne, vorurteilslos auf ihn zugehe und ihn annehme, wie er ist. Ob ich auf die Verletzung zu sprechen komme oder nicht, ist Sache der Klugheit. Wenn die Verletzung zwischen uns steht, dann ist es sinnvoll, sie auch zur Sprache zu bringen. Aber ich muß mich hüten, daß das Sprechen über die Verletzung und über meine Vergebung zur Anklage des anderen wird. Mir hat ein Chef erzählt, daß eine schwierige Mitarbeiterin, die mit ihm einen Konflikt hatte,

zu ihm sagte: »Ich vergebe Ihnen im Namen Jesu.«
Ein solches Wort kann durchaus ehrlich gemeint
sein. Aber auf mich macht es den Eindruck, daß
die Frau mit diesem Wort den Chef auf die Anklagebank gesetzt hat. Wenn ich zu einem sage: »Ich
vergebe Dir«, dann vermittle ich ihm die Botschaft:
»Du bist schuld. Das mußt Du wissen. Das mußt
Du zugeben. Aber ich bin ja so großzügig, daß ich
Dir vergebe.« So ein Vergebungswort kann den
anderen demütigen und verletzen. Daher tun sich
viele schwer, es anzunehmen. Es bedarf der Klugheit und Feinfühligkeit, um zu sehen, wie ich dem
anderen zeige, daß ich ihm vergeben habe. Und ich
muß immer auch seine Situation berücksichtigen.
Ich muß spüren, wann der richtige Zeitpunkt da
ist, ihm meine Vergebung kundzutun oder ihn um
Vergebung zu bitten. Wenn der andere noch tief
verletzt ist, wenn seine Gefühle noch aufgewühlt
sind, dann ist es noch zu früh, darüber zu sprechen.
Und es wäre nicht klug, ihn sofort um Vergebung
zu bitten. Genauso unklug wäre es, wenn der andere mich in einer erregten Diskussion kränkt, ihm
sofort zu vergeben. Das würde ihn vermutlich noch
mehr in Rage bringen. Ich muß den Gefühlen erst
Zeit lassen, daß sie sich setzen. Dann kann ich sie
objektiver anschauen und sehen, welche Reaktion
angemessen ist und beiden hilft, darüber wieder
vernünftig ins Gespräch zu kommen. Es braucht
nicht nur die Bereitschaft zur Vergebung, sondern
auch die ›discretio‹, die Gabe der Unterscheidung
der Geister, um zu erkennen, wann und wie wir
einander vergeben können.

Manche Therapeuten geben dem, der nicht vergeben kann, den Rat, er solle sich vorstellen, der andere säße auf dem leeren Stuhl vor ihm. Und nun sollte er ihm alles sagen, was er ihm vorzuwerfen hätte. Er sollte dabei den anderen nicht zu schnell entschuldigen, sondern ungeschminkt seinen Zorn herauslassen. Aber dann sollte er sich selbst auf den Stuhl setzen und sich in die Rolle dessen versetzen, der ihn gekränkt hat. Er sollte auf die Anklage und die Schreie der Wut und des Schmerzes antworten. Dadurch wird er gezwungen, die Verletzung von einer anderen Warte aus zu sehen. Das hilft oft, dem anderen wirklich vergeben zu können.

Eine weitere Hilfe besteht darin, auf die Träume zu achten, in denen der, der uns verletzt hat, auftaucht. Manchmal geben mir die Träume Aufschluß darüber, was mein Anteil an der Verletzung ist, wo ich vielleicht den anderen zuerst verwundet habe oder wo ich ihn zur Verletzung gedrängt habe. Wenn ich durch das Rollenspiel und durch meine Träume die Verletzung in einem anderen Licht sehen kann, bin ich auch fähig, mit dem anderen in einer Sprache zu sprechen, die meine Vergebung wirksam vermittelt. Ich werde den anderen nicht mehr anklagen, sondern ihn über meine Gefühle informieren, die sein Verhalten bei mir ausgelöst hat. Und zugleich werde ich ihm meine Bereitschaft signalisieren, nicht mehr an meinen verletzten Gefühlen festhalten zu wollen. Dann ist der andere frei, meine Bereitschaft zur Vergebung anzunehmen. Denn er findet sich nicht mehr auf der Anklagebank vor. Er kann in aller Freiheit bei sich erforschen, ob sein Verhalten wirklich unbewußt war oder ob er mich vorsätzlich verletzt hat. Wenn ich ihm diese Freiheit lasse, ist Versöhnung möglich, ohne daß es Sieger und Besiegte gibt, ohne uns in schuldig und unschuldig einzuteilen. Und nur wenn der andere seine Würde wahren kann, wird er bereit sein, meine Vergebung anzunehmen und auch mir meinen Anteil an Schuld zu vergeben.

III. Versöhnung in der Gemeinschaft

Neue Wege gehen

Versöhnung und Vergebung geschehen nie nur zwischen einzelnen Menschen, sondern vor allem in Gruppen und Gemeinschaften. Das gilt für die kleine Gemeinschaft der Ehe genauso wie für die großen Gesellschaften des Staates und für die Völker untereinander. Versöhnung hat hier auch eine politische Dimension. Christen haben heute eine große Aufgabe in der Welt: Versöhnung zu stiften zwischen den Gruppen und Nationen, denen Vergebung zu gewähren, die uns gegenüber schuldig geworden sind, und um Vergebung zu bitten, wo wir selbst Schuld auf uns geladen haben. Wir bräuchten nur Phantasie und Kreativität, um Versöhnung und Vergebung in dieser Welt sichtbar und wirksam werden zu lassen. Diese Kleinschrift möchte einige Beispiele für die heilende und befreiende Wirkung von Versöhnung und Vergebung anführen und zu eigenen neuen Wegen anregen.

a) Ehe und Familie

Viele Ehepaare machen die erschreckende Erfahrung, daß ihre Liebe erkaltet oder ihnen zwischen den Fingern zerrinnt. Häufig liegt die Ursache darin, daß beide Partner die Verletzungen, die im engen Zusammenleben einfach immer wieder geschehen, heruntergeschluckt haben. Sie haben nicht darüber gesprochen, aus Angst, sie könnten noch mehr verletzt werden oder sie würden den anderen damit belasten. So haben sie sie überspielt, oft genug im guten Glauben, daß sie nicht so schlimm wären. Und auf einmal spüren sie, daß diese vielen kleinen Kränkungen in ihnen eine Mauer errichtet haben, die sie vom Partner trennt. Sie fühlen Ressentiments in sich. Die Liebe schlägt in Haß um. Oder sie nehmen in sich die Lust wahr, es dem anderen heimzuzahlen. Manchmal wird ihnen das gar nicht bewußt. Aber unbewußt mischt sich in ihr Verhalten der Wunsch nach Rache. Bei irgendeiner Gelegenheit ärgert sie eine Kleinigkeit am Partner. Und nun überschütten sie ihn mit Vorwürfen und Kränkungen, daß der andere gar nicht mehr weiß, wie ihm geschieht. Er kann das Verhalten des Partners nicht einordnen.

Immer wenn wir unsere eigenen Gefühle übergehen, setzen sie sich in uns fest und hindern uns am Leben. Wenn wir die Gefühle von Ärger oder Kränkung gleich ausdrücken, dann können wir die Beziehung schnell wieder klären und vertiefen. Aber die lange unterdrückten Gefühle stellen sich zwischen uns und den Partner. So braucht es immer wieder Versöhnung. Versöhnung heißt hier vor allem Klärung der Gefühle, Aussprechen der Gefühle, ohne den anderen anzugreifen und ohne sich selbst zu rechtfertigen. Eine häufig vorkommende Verletzung in der Ehe ist das Nicht-Ernstnehmen des anderen. Der Mann kommt von seiner Arbeit zurück und verkriecht sich hinter seiner Zeitung. Er fragt gar nicht nach, wie es der Frau daheim mit den Kindern gegangen ist. Oder er ist so mit sich und seiner Arbeit beschäftigt, daß er die Bedürfnisse der Frau übersieht. Oder aber die Frau verletzt den Mann, indem sie ihn mit ihren Erwartungen überfordert. Er kann vielleicht nicht so gut über sich und seine Gefühle reden. Aber immer wieder drängt sie ihn dazu und wirft ihm vor, daß er gefühlskalt sei, daß andere Männer da wesentlich sensibler seien. Der Vergleich mit anderen Männern und Frauen verletzt den Partner. Und dann gibt es die tiefen Verletzungen, wenn der Mann eine Freundin hat oder die Frau einen Freund, mit dem sie sich besser austauschen kann als mit dem eigenen Mann. Wenn ein Partner heimlich eine sexuelle Beziehung zu einem Freund oder einer Freundin hat, dann untergräbt das das Vertrauen und hinterläßt eine tiefe Wunde.

In der Paartherapie arbeitet man heute oft mit Versöhnungsritualen. Die Paartherapeuten haben erkannt, daß man nicht alle Konflikte und Verletzungen von früher ausdiskutieren kann. Manchmal erzeugt die Auseinandersetzung neue Mißverständnisse und Verletzungen. Da wirft man sich immer wieder nur die alten Kränkungen vor. Im Versöhnungsritual kann jeder Partner aufschreiben, was ihn verletzt hat und wo er vermutet, daß er den anderen gekränkt hat. Er bittet um

Vergebung für das, was er dem Partner angetan hat, und sichert dem anderen seine Bereitschaft zu vergeben zu. Und er kleidet seine Bitte in eine feste Formel, daß er von jetzt an dem anderen nicht mehr vorwerfen wird, was war, daß er es nicht mehr benutzen wird, um Schuldgefühle hervorzurufen. Der Partner erwidert, daß er bereit ist, zu vergeben und das Vergangene loszulassen. Und er zählt dann auf, was ihn verletzt hat und wo er den anderen gekränkt hat. Darauf können beide in einem Ritual die Versöhnung feiern. Sie können die Zettel, die sie mit ihren Vorwürfen voll geschrieben haben, gemeinsam verbrennen oder vergraben und einen Baum darauf pflanzen, gleichsam einen Versöhnungsbaum, der sie immer wieder daran erinnert, daß auf dem Mist ihrer gegenseitigen Verletzungen etwas Neues wächst. Oder sie können ein festliches Mahl miteinander halten. Oft laden solche Paare auch einen Dritten oder andere Paare zu ihrem Versöhnungsritual ein, damit es für sie zur Verpflichtung wird, ab heute das Vergangene loszulassen und nicht mehr als Waffe gegen den anderen zu benutzen.

Die Paartherapie hat erkannt, wie wichtig solche Versöhnungsrituale für den Fortbestand einer Ehe sind. In jeder Ehe entstehen Mißverständnisse und Verletzungen. Das kann man gar nicht verhindern. Aber oft werden die Verletzungen aufgerechnet. Und gerade dann, wenn die Schuld des anderen offen zu Tage tritt, etwa, wenn er eine andere Beziehung eingegangen ist, benutzt der andere diese Verletzung häufig, um nun den

Partner zu unterdrücken. Er hat ja offensichtlich Schuld auf sich geladen. Jetzt hat man eine gutes Machtmittel in der Hand. Immer wenn es Probleme gibt, wird diese Schuld angeführt und dem anderen vorgeworfen. Er hat nun kein Recht mehr, seine Gefühle von Ärger und Enttäuschung zu äußern. Er muß für immer in Sack und Asche Buße tun. Damit aber wird eine Beziehung zur Hölle. Der Partner wird zwar nicht in ein öffentliches Gefängnis geworfen, wie es früher der Fall war. Aber das Gefängnis, in das das ewige Vorwerfen der Schuld einschließt, ist noch viel grausamer.

Die Versöhnung ist wichtig, damit ein Paar immer wieder neu anfangen kann. Versöhnung befreit von der Last der Vergangenheit. Sie reinigt die Atmosphäre, damit beide Partner hier und jetzt leben können ohne die Altlasten vergangener Kränkungen. Ich kenne Ehepaare, die auch in ihrem Alltag kleine Versöhnungsrituale praktizieren. Wenn es Mißverständnisse zwischen ihnen gegeben hat, dann zündet einer die Hochzeitskerze an. Das ist immer ein Signal, daß er bereit ist zum Gespräch und zur Versöhnung. Es bedarf nicht immer vieler Worte. Gesten können wirksamer sein. Denn Worte erzeugen häufig neue Mißverständnisse und verderben damit die gutgemeinten Versuche, sich zu versöhnen. Die Kerze ist wie eine Bitte, daß die Liebe, die sie am Hochzeitstag erfüllt hat, auch jetzt wieder neu in beiden brennen möge. Und die Kerze drückt das Vertrauen aus, daß diese Liebe von damals auch jetzt in ihnen ist, trotz des Konfliktes, der sie überdeckt. Ein anderes Ehepaar hat das Ritual des Sprechsteins eingeführt. Einmal in der Woche sprechen sie miteinander über das, was sie wirklich berührt. Dabei hält der Sprechende einen Stein in der Hand. Der andere hört ihm zu. Und erst wenn er den Stein erhält, kann er solange reden, bis er den Stein wieder dem Partner übergibt.

Oft erlebe ich, wie Familien, die jahrelang in Eintracht zusammen gelebt haben, sich entzweien, sobald es um die Regelung der Erbschaft geht. Dabei können tiefe Risse entstehen, die manchmal nicht mehr überbrückt werden. Der Bruder hat das Gefühl, daß die Schwester bevorzugt worden ist. In ihm tauchen viele Verletzungen aus der Vergangenheit auf. Es geht vielleicht gar nicht so sehr um das Geld, sondern vielmehr um die Frage, wer von der Mutter oder vom Vater mehr geliebt worden ist. Durch die Erbschaftsauseinanderset-zungen brechen alte Wunden wieder auf. Man kämpft letztlich nicht um das Geld, sondern um die Zuwendung des Vaters oder der Mutter, um die erste Stelle, die jeder bei den Eltern auch noch nach ihrem Tod einnehmen möchte. Oft entstehen dadurch Risse in der Familie, die kaum mehr zu heilen sind. Waren vorher die Geschwister ein Herz und eine Seele, so gibt es jetzt Parteien, die einander ausspielen und gegeneinander vorrech-nen, was der andere jeweils falsch gemacht hat. Ohne Versöhnung würde die Kluft immer größer. Es gäbe keine gemeinsamen Familienfeiern mehr. Alle Energie würde abgezogen in den Kampf ge-geneinander. Man stützt sich nicht mehr gegenseitig, sondern man nimmt sich die Kraft, die jeder zum Leben nötig hätte.

Versöhnung im größeren Kreis der Familie braucht immer einen, der den Mut hat, aus dem Spiel gegenseitiger Feindschaft auszusteigen. Es geht nicht darum, daß der einzelne alle Schuld auf sich nimmt. Das würde den anderen unglaubwürdig erscheinen. Aber es geht auch nicht darum, einander vorzurechnen, wer jetzt jeweils wieviel Schuld auf sich geladen hat. Denn dann würde es nur neue Verletzungen geben. Oft scheitern solche Versöhnungsversuche, weil ein Mitglied der Familie die Vergebung nicht annehmen will. Er fühlt sich noch verletzt und hat Angst, der andere würde etwas bezwecken mit seinem Versöhnungsangebot. Manchmal klingt ein Versöhnungsangebot auch als neue Anklage: »Ich bin ja bereit, mich zu versöhnen. Es liegt allein an Dir, ob Du meine Versöhnungsbereitschaft annimmst.« Da erhebe ich mich über den anderen. Der andere muß spüren, daß ich unter dem Zwist leide, daß es mir leid tut, daß es so gekommen ist, und daß ich nicht einseitig die Schuld auf ihn schiebe. So wäre es gut, wenn ich den Mut hätte, mich für meinen Anteil an Schuld zu entschuldigen, ohne den anderen zu drängen, er müsse sich auch entschuldigen. Oft ist die Versöhnung leichter durch einen Brief einzufädeln. Da hat der andere Zeit zum Überlegen. Er fühlt sich nicht überrumpelt. In diesem Brief müßte ich aber darauf verzichten, zu moralisieren, etwa in dem Sinn: »Als Christen müßten wir uns längst versöhnt haben. Für uns

Christen ist es eine Schande, daß wir noch im Streit liegen.« Denn damit vermittle ich dem anderen sofort ein schlechtes Gewissen. Mit meinem Versöhnungsangebot muß ich dem anderen seine Freiheit und seine Würde lassen. Er muß spüren, daß ich ihn auch mit seinem Schmerz achte und daß ich zumindest versuche, ihn in seiner Haltung und seiner Position zu verstehen.

Ein Brief kann die Versöhnung einleiten. Aber dann braucht es auch ein Versöhnungsritual, um die Vergangenheit mit ihren Vorwürfen und Beschuldigungen hinter sich zu lassen. Ein solches Versöhnungsritual könnte eine gemeinsame Wanderung sein, ein Konzertbesuch oder ein festliches Mahl. Es braucht Klugheit, um zu sehen, welches Ritual angebracht ist. Manchmal ist es klüger, einen unabhängigen Dritten, den alle akzeptieren, darum zu bitten, ein Versöhnungsgespräch oder ein Vergebungsritual mit allen Beteiligten zu leiten.

Natürlich wäre es gut, wenn die Geschwister mit ihren Familien sich in einem ähnlichen Ritual versöhnen wie bei der Paartherapie, daß also die Vorwürfe der Vergangenheit noch einmal ins Wort gefaßt werden und daraufhin endgültig begraben werden. Aber es kann sein, daß das eine Überforderung ist. Dann würden schon Zeichen gemeinsamen Tuns genügen. Die würden nach und nach die Atmosphäre lockern und es allen ermöglichen, das Vergangene nochmals behutsam zu bereden, ohne sich gegenseitig zu verletzen. Die Wunden, die geschlagen wurden, brauchen Zeit zum Verheilen. Ich muß auch warten können, bis der andere dazu bereit ist, sich auf die Versöhnung einzulassen.

b) Religiöse Gemeinschaften

Ähnlich eng wie eine Familie leben auch Klostergemeinschaften zusammen oder religiöse Wohngemeinschaften, die heute an vielen Orten entstehen. Eine Gemeinschaft kann auf Dauer nur existieren, wenn in ihr immer wieder die Erfahrung von Vergebung und Versöhnung gemacht wird. In jeder Gemeinschaft tauchen Konflikte auf. Wenn sie unter den Teppich gekehrt werden, entsteht eine Tendenz, daß sich jeder nur nach außen orientiert und die Gemeinschaft mehr und mehr zerläuft. Oder aber es bilden sich Gruppierungen und Parteiungen, die gegeneinander arbeiten. Wenn Probleme zwischen den Brüdern und Schwestern nicht angesprochen und gelöst werden, lähmen sie die Gemeinschaft. Es entsteht ein Klima des Mißtrauens und der Kälte.

Früher gab es in den Gemeinschaften die Übung der ›Culpa‹, in der sich jeder anklagte, wenn er gegen die Gemeinschaft gefehlt hatte. Leider ist das Ritual der Culpa in vielen Gemeinschaften so entleert worden, daß es abgeschafft werden mußte. Unsere Gemeinschaft kennt in der Advents- und Fastenzeit die Culpa im kleinen Kreis der Dekanie. Die Dekanien sind Gruppen von jeweils 10–15 Mönchen, die sich regelmäßig treffen, um gemeinsam Themen zu besprechen oder miteinander zu feiern. Die Culpa in den Dekanien hat die Form eines Wortgottesdienstes. Darin kann jeder aussprechen, was ihm leid tut, wo er die Gemeinschaft verletzt, mißachtet oder vernachlässigt hat. Durch das gemeinsame Bekenntnis und die Bitte um Vergebung wird die Atmosphäre wieder gereinigt. Wenn zwei Mitbrüder miteinander einen Konflikt haben, aber allein nicht darüber sprechen können, dann versuchen wir, in einer kleinen Runde, zu dritt oder zu viert, darüber zu sprechen. Das ist oft eine Hilfe, die Fronten abzuschwächen und wieder einen gemeinsamen Weg zu finden. Vor allem wird das Bemühen der beiden von anderen unterstützt.

Eine Gemeinschaft muß nicht nur Versöhnung untereinander stiften, sie muß sich auch mit den Mitgliedern aussöhnen, die sie verlassen haben. Aus jeder klösterlichen Gemeinschaft treten immer wieder Brüder und Schwestern aus, manchmal im Frieden, manchmal auch mit gegenseitigen Verletzungen oder Spannungen. Manche Gemeinschaften schieben alle Schuld auf die, die die Gemeinschaft verlassen haben, und leben im Bewußtsein weiter, daß sie ja auf dem richtigen Weg seien. Aber damit wird man blind für die Schwachstellen des eigenen Miteinanders. Wenn Brüder oder Schwestern gehen, hat das immer auch mit der Gemeinschaft zu tun. Den Eigenanteil an ›Schuld‹ zu sehen, ist Voraussetzung dafür, daß die Gemeinschaft gut weiterleben kann. Die ausgetretenen Brüder und Schwestern stellen ein Potential dar, das der Gemeinschaft nun fehlt. Zur Versöhnung mit ihnen würde daher auch gehören, sich ihre Motive genauer anzuschauen und sich mit ihren Idealvorstellungen einer klösterlichen Gemeinschaft auseinanderzusetzen. Nur so wird der Reichtum, den die fortgegangenen Brüder und Schwestern verkörpern, in die Gemeinschaft integriert. Wenn man alle Schuld am Weggang nur den ›Ausgetretenen‹ in die Schuhe schiebt, klammert man aus der Gemeinschaft etwas aus, was die eigene Lebendigkeit beeinträchtigt.

Daher ist es nötig, daß die Gemeinschaft sich auch mit den ehemaligen Mitgliedern aussöhnt und – wenn es von ihnen gewünscht wird – wieder in einen guten Kontakt tritt. Unsere Gemeinschaft hat im Jahre 1999 alle Brüder eingeladen, die seit 1945 das Kloster verlassen haben, um mit ihnen ein Fest der Versöhnung zu feiern. Über 100 ehemalige Mitbrüder kamen, teilweise allein, teilweise mit Frau und Kindern. Es war ein sehr bewegendes Treffen. Abt Fidelis bat in der Mittagshore alle Ehemaligen um Vergebung für die Verletzungen, die die Gemeinschaft ihnen zugefügt hat. Und einer der Ausgetretenen bat im Namen der anderen um Vergebung für die Wunden, die sie der Gemeinschaft geschlagen haben. Das Treffen hat allen gut getan, denen, die in der Gemeinschaft geblieben sind, und denen, die sie verlassen haben. Aber es wurde uns auch klar, wie tief die Kränkungen waren, die manche jahrelang mit sich herumschleppten. So luden wir im Jahre 2000 alle Interessenten dazu ein, sich an einem Wochenende über die Zeit in der Gemeinschaft, über die Gründe des Weggehens und über die Verarbeitung des

Weggangs und die seitherige Entwicklung auszu-
tauschen. Da flossen viele Tränen. Das Anschau-
en der persönlichen Schicksale hat uns alle tief
miteinander verbunden. Und wir haben gespürt,
wie viel wir gemeinsam haben und wie jeder auf
seine Weise seine ursprüngliche Berufung zu leben
versucht. DieVersöhnung mit der Vergangenheit
hat allen neue Offenheit füreinander und neue
Kraft für den eigenen Weg geschenkt.

c) Die Dorfgemeinschaft

Oft gibt es in einem Dorf jahrhundertealte Feindschaften. Jede Familie hat ihren eigenen Ruf. Da
gibt es Sippen, die das Sagen haben, und andere,
die man nicht hochkommen läßt. Es gibt Familien, die neu hinzugezogen sind. Sie haben keine
Chance, in die Dorfgemeinschaft aufgenommen
zu werden. Oder ein Mann von außen hat in
eine Familie hineingeheiratet und wird von den
Einheimischen abgelehnt. Die Kommunalpolitik
hätte hier die Aufgabe, die Integration der dörfli-
chen Gemeinschaft zu fördern und alte Gräben zu
überbrücken. Aber häufig benutzen Kommunal-
politiker die Konflikte des Dorfes, um Verbündete
um sich zu scharen. Auf diese Weise werden die
Gräben nur noch tiefer. Die Gruppen werden in-
strumentalisiert, um im politischen Wahlkampf
eigene Wünsche durchzusetzen oder sich in der
Dorfgemeinschaft zu profilieren. Politik kommt
ursprünglich vom griechischen Wort ›polis‹, was
Stadt bedeutet. Ihre Aufgabe wäre es, eine Stadt

zu einer Einheit zu führen, die Bürger zusammenzuführen. Aber häufig arbeitet die Politik heute
damit, die Bürger zu polarisieren. Polis heißt in
der Urbedeutung ›zweifach, von beiden Seiten‹.
Es ginge in der Politik also darum, die beiden
Seiten zusammenzuführen, zerstrittene Gruppen
miteinander zu versöhnen, die verschiedenen Pole
miteinander zu verbinden.

In jedem Dorf gibt es wie überall Vorurteile.
Am Stammtisch werden die alten Vorurteile immer
wieder neu aufgefrischt. Sie hindern viele daran,
sich in der Dorfgemeinschaft wohl zu fühlen. Die
Hinzugezogenen bleiben Außenseiter. Sie können machen, was sie wollen. Alles wird ihnen
negativ ausgelegt. Es werden Gerüchte über sie
in die Welt gesetzt. Und diese Gerüchte werden
für bare Münze gehalten. Am Stammtisch wird
entschieden, wer in das Dorf paßt und wer nicht.
Da werden Menschen angenommen und ausgeschlossen. Es wird über sie Gericht gehalten, ohne
daß sie eine Chance haben, sich zu verteidigen.
Auch in unserer aufgeklärten Gesellschaft gibt
es in den Dörfern noch archaische Strukturen.
Niko Kazantzakis hat das in seinem Buch »Griechische Passion« eindringlich geschildert. Da bittet
eine von den Türken vertriebene Gemeinde um
Aufnahme in eine Dorfgemeinschaft. In ihr hat
gerade der Gemeinderat die Darsteller für das im
kommenden Jahr geplante Passionsspiel ausgewählt. Die Darsteller identifizieren sich mit ihren Rollen. Der Christusdarsteller Manolios tritt
für die Flüchtlinge ein und bittet die Gemeinde

um Barmherzigkeit. Doch die einheimischen reichen Bauern, zusammen mit dem hartherzigen Dorfpriester, wehren sich dagegen. Sie hetzen die Menge auf und schließlich erschlagen sie Manolios in der Kirche. Da wird die Passion, die sie in einem Spiel darstellen wollen, blutiger Ernst. Der greise Priester der Flüchtlingsgemeinde klagt an der Leiche des erschlagenen Hirten: »Nun sind fast zweitausend Jahre vergangen, und immer noch ... immer noch kreuzigen sie Dich. Wann wirst Du geboren werden, Christus, um nicht mehr gekreuzigt zu werden, um ewig unter uns zu leben.« (Kazantzakis, 456) Auch in unseren Dörfern werden heute noch Menschen aus dem Ort getrieben und ans Kreuz geheftet, um sie öffentlich als Verbrecher abzustempeln. Sie werden durch Rufmord erschlagen wie der junge Hirte Manolios in Kazantzakis Roman.

Es wäre Aufgabe der Kommunalpolitik, die Gräben in einer Gemeinde zu überbrücken, die Vorurteile zu entlarven und zur Versöhnung der Gemeinde beizutragen. Damit würde ein Bürgermeister mehr leisten, als wenn er eine neue Turnhalle oder ein neues Rathaus baut, mit dem die Gemeinde sich nach außen hin gut darstellen möchte. Eine Gemeinde wird nur dann wohnlich, wenn in ihr Versöhnung herrscht. Die Gemeindeleitung mag das Dorf noch so sehr erneuern und verschönern, wenn der Geist der Versöhnung fehlt, nützt alles nichts. Es wäre bloße Fassade für die Feindschaft, die das Dorf zerreißt.

d) Die Pfarrgemeinde

In vielen Pfarreien gibt es Spaltungen. Es gibt konservative und progressive Gruppen. Beide Gruppen kämpfen um die Zuwendung des Pfarrers. Jede Gruppe möchte den Pfarrer für sich vereinnahmen. Manche Pfarrer, die in sich selbst nicht versöhnt sind, vertiefen die Spaltung noch. Wo sie sind, entstehen feindliche Parteien. Von einem Priester erzählte mir ein Verantwortlicher der Diözese, man könne ihn hinstellen, wo man wolle, überall würden in kurzer Zeit die Gemeinden gespalten. Sogar in der Altenseelsorge könne man ihn nicht mehr lassen, weil er selbst die Alten, die doch geduldig und weitherzig sind, gegeneinander aufbringen würde. Gerade in der heutigen Zeit wäre es die Aufgabe der Seelsorge, die verschiedenen Gruppen miteinander zu versöhnen.

Es geht nicht darum, wer im Recht ist, die Konservativen oder die Progressiven. Es geht vielmehr darum, die Menschen zu verstehen und ernst zu nehmen. Statt die Konservativen zu verurteilen, muß ich zuerst hinhören, wonach sie sich sehnen. Vielleicht sehnen sie sich danach, Gott so zu erfahren, wie sie es in ihrer Kindheit getan haben, in den gleichen Formen wie damals. Vielleicht ist es Angst vor dem Neuen, Angst vor dem Chaos unserer Zeit, die sie in die festen Formen preßt. Vielleicht ist es aber auch das Gespür für den Reichtum der Tradition, den sie nicht verlieren möchten. Und bei den Progressiven muß ich auch hinhören, wo es echte Sorge um die Kirche ist, wo es der Geist

Christi ist, der in die Freiheit führt, oder wo es nur der verzweifelte Versuch ist, durch äußere Änderungen das eigene Herz verändern zu wollen. Ich muß die Sehnsucht in jedem Menschen ernst nehmen. Dann kann ich einen echten Kontakt zu den sich widerstreitenden Gruppen aufbauen und sie miteinander versöhnen.

Es ist schade, daß beide Gruppen oft so unversöhnlich miteinander umgehen. Beide meinen, sie würden dem Geist Christi gerecht, sie würden sich für Christus einsetzen. Aber von seinem Geist der Versöhnung haben sie wenig verstanden. Anstatt gemeinsam auf den Geist Gottes zu hören, meinen sie, sie würden ihn besitzen. Den anderen trauen sie den Geist Gottes nicht zu. Sie seien vielmehr in der Tradition verhärtet oder aber liberal und nicht mehr rechtgläubig. Oft verstecken sich hinter den ideologischen Gräben Machtkämpfe und Machtinteressen. In vielen Pfarrgemeinderäten werden unbewußte Machtkämpfe ausgetragen. Gemeindemitglieder, die sich sehr für die Gemeinde engagieren, merken manchmal gar nicht, daß es ihnen nicht nur um das Wohl der Gemeinde geht, sondern auch um die eigene Position. Sie bewirken meistens keine Verbesserung, sondern nur Zwietracht und Streit. Sie sind abgespalten von ihren eigentlichen Bedürfnissen. Daher erzeugen ihre oft gut gemeinten Initiativen nicht Gemeinschaft, sondern Spaltung. Es wäre wichtig, die eigenen Motive genauer zu ergründen. Ist es wirklich Christus, für den ich mich einsetze? Stehe ich in seinem

Dienst oder in meinem eigenen, den ich nur religiös kaschiere?

Die Pfarrei hat heute die wichtige Aufgabe, in unserer Gesellschaft ein Sauerteig der Versöhnung zu sein. Denn das ist wohl der wesentlichste Auftrag der Kirche, daß sie Versöhnung stiftet in unserer Welt. Aber stattdessen bieten viele Pfarreien selbst das Bild von Zerrissenheit und Spaltung. Sie sind nicht nur gespalten in konservative und progressive Gruppen.

Da gibt es zum Beispiel eine Gruppe, die sich engagiert, die aber niemanden zuläßt. Die Pfarrei ist eine geschlossene Gruppe. Junge Menschen, neuzugezogene Familien, Menschen, die sich in der Lebensmitte dem Glauben zugewandt haben, haben keine Chance, in diese geschlossene Gesellschaft hineinzukommen. Oder es gibt Gruppen, die sich mit dem Pfarrer gut verstehen, die aber eifersüchtig darüber wachen, daß der Pfarrer sich nur ihnen zuwendet. Und es gibt Gruppen, die sich in der Kirche nicht beheimatet fühlen, weil ihre Sprache nicht gesprochen wird. Das sind oft Arbeiter und Aussiedler, Ausländer, Asylanten, Randgruppen wie Obdachlose und Homosexuelle. Vor allem sind es Geschiedene und Wiederverheiratete. Gerade die letzte Gruppe wird durch das Kirchenrecht von den Sakramenten ausgeschlossen. Das ist weder theologisch noch menschlich zu rechtfertigen. Denn es bedeutet letztlich, daß sie sich von der Pfarrgemeinde ausgeschlossen fühlen. Die Scheidung ist kein Grund, Menschen von den Sakramenten auszuschließen. Aber viele, die in Scheidung leben, haben trotzdem den Eindruck, daß sie von der Gemeinde schief angeschaut werden, daß man ihnen die Schuld an ihrer Situation zuschiebt und daß man nicht bereit ist, diese Schuld zu vergeben.

In der frühen Kirche wurden Christen, die öffentlich gesündigt hatten, von der Gemeinde ausgeschlossen, nach einer längeren Bußzeit aber wieder offiziell aufgenommen. Heute geschieht das Ausschließen nicht durch einen Ritus, sondern eher durch Negieren und Ablehnen. Aber es erfolgt kein Ritual der Neuaufnahme. Mag uns die Praxis der frühen Kirche rigide erscheinen, immerhin hat sie den Menschen die Chance gegeben, wieder vollwertige Glieder der Kirche zu werden. Wenn eine Pfarrei jemanden ausgeschlossen hat, ohne daß dieser Ausschluß greifbar wird, dann bleibt er draußen, dann tut er sich sehr schwer, in der Gemeinschaft der Pfarrei Fuß zu fassen. Der unbewußte und oft subtile Vorgang der Ausschließung ist heute wesentlich grausamer als der offizielle in der frühen Kirche, dem immer auch der Ritus der Wiederaufnahme folgte.

e) Versöhnung in unserer Gesellschaft

Der Riß zwischen den verschiedenen Gruppierungen zeigt sich heute sehr deutlich in unserer Gesellschaft. Es sind nicht nur die politischen Parteien, die immer unversöhnlicher miteinander umgehen. Oft wird nicht mehr das gemeinsame Streben gesehen, die Probleme dieser Welt zu lösen, sondern nur noch der eigene Erfolg und der Ausbau der eigenen Machtposition. Es sind die verschiedenen Lager, die unsere Gesellschaft spalten. Da sind die Arbeitgeber und die Gewerkschaften, die ihren gemeinsamen Konsens aufgeben. Es gibt die Technokraten und die Alternativen, die sich feindlich gegenüberstehen, die Friedensbewegten und die Atomkraftgegner, die mit den Befürwortern von Verteidigung und Kernkraft sehr unversöhnlich umgehen. Da sind die rechten und linken Jugendgruppen, die sich gegenseitig bekriegen. Der Staat muß ein riesiges Heer von Polizisten aufbieten, um der Chaostage Herr zu werden, die junge Randalierer ausrufen. Schon in der Schule werden die Jugendlichen eingeteilt in verschiedene Gruppierungen. Und wehe, man begegnet einigen aus dem feindlichen Lager. Dann muß man dafür büßen. Oft genug wird man zusammengeschlagen und ausgeraubt. Die Gewalt zwischen den verfeindeten Gruppen nimmt immer mehr zu.

Es gibt den Haß gegenüber Ausländern und Asylanten. Oft trauen sich Ausländer nicht mehr in bestimmte Gegenden, weil sie Gefahr laufen, Opfer von Jugendbanden zu werden oder von rechten Gruppen Gewalt zu erleiden. Eine Lehrerin, die Asylanten unterrichtete, erzählte mir, daß sie immer wieder fragen: »Was heißt: Raus, raus, raus?« Offensichtlich ist es das Wort, das sie am häufigsten hören, im Bus, in der Gastwirtschaft, in der Disko. Überall werden sie ausgeschlossen und abgelehnt. Aber solches Ausgeschlossenwerden erzeugt nur Haß und Rache. Das

Ansteigen der Kriminalität braucht uns nicht zu verwundern. In einem Klima, in dem man nur als Feind angesehen wird, übernimmt man die Rolle des Feindes und gebärdet sich so. Je mehr die Menschen gedemütigt werden, desto mehr neigen sie zur Gewalt. Es ist dann ihr einziger Weg, sich selbst zu spüren und ihren Wert zu wahren. Aber es ist eben ein zerstörerischer Weg, der die Kluft in der Gesellschaft nur immer mehr vertieft.

Aber es hilft nicht, nur zu jammern, wie schlimm es um unsere Gesellschaft bestellt ist. Besser ist es, in dieser zerrissenen Gesellschaft Wege der Versöhnung zu gehen. Es gibt viele Sozialarbeiter, die versuchen, mit rechten und linken Gruppen umzugehen und sie zur Versöhnung vorzubereiten. Sie können nicht in diese Gruppen gehen und gleich Versöhnung fordern. Sie müssen sich ihnen erst einmal zuwenden, genau hinhören, was sie eigentlich bewegt, warum sie so denken und handeln, was ihre tiefsten Verletzungen und ihre eigentlichen Sehnsüchte sind. Erst wenn sich die Menschen selbst angenommen fühlen, werden sie fähig, die Feindschaft zu lassen und die fremden Gruppen anzunehmen. Auch wenn wir die Gesellschaft nicht im Ganzen verändern können, so ist doch jeder in seiner Umgebung dafür verantwortlich, ob er spaltend oder versöhnend wirkt.

Wir merken oft gar nicht, wie wir durch unsere Vorurteile zur Spaltung der Gesellschaft beitragen. Allzu leichtfertig übernehmen wir die Vorurteile des Stammtisches, die Vorurteile gegenüber den Arbeitslosen, daß die ja gar nicht arbeiten wollen, die Vorurteile gegenüber Aussiedlern, daß sie uns die Arbeitsplätze wegnehmen, die Vorurteile gegenüber den Atomkraftgegnern, den Friedensbewegten und den verschiedensten anderen Gruppierungen. Unser Reden hat Auswirkungen. Es erzeugt ein Klima, das entweder versöhnlich oder spaltend ist. Wir sind verantwortlich für unsere Worte. Gerade durch Worte gibt es Umweltverschmutzung. Durch unüberlegte Worte werden unbewußt rassistische und faschistische Ideen verbreitet. Und dann wundern wir uns, wenn Jugendliche diese Ideen ernst nehmen und danach handeln.

Jeder ist für das Klima, das er um sich herum erzeugt, verantwortlich. Das fängt schon bei den Gedanken an. Wir müssen unser Denken überprüfen, wo wir unbewußt irgendwelchen Vorurteilen folgen. Unser Denken wird sich in unserem Sprechen und Handeln auswirken. Daher beginnt die Versöhnung in unserem Denken. Das hat Paulus den Römern zugerufen: »Gleicht euch nicht dieser Welt an, sondern wandelt euch und erneuert euer Denken, damit ihr prüfen und erkennen könnt, was der Wille Gottes ist; was ihm gefällt, was gut und vollkommen ist.« (Röm 12,2) Wir müssen bei unseren Gedanken anfangen und sie genau beobachten, wo sie Gottes Willen entsprechen, wo sie gut sind und den Menschen guttun, wo sie Versöhnung stiften oder Spaltung. Jeder kennt in sich unbewußte Vorurteile und Projektionen. Wir sehen die Wirklichkeit nie objektiv, sondern immer durch die Brille unserer Projektionen.

Wenn wir alles Dunkle, das in uns ist, auf andere projizieren, etwa auf dunkelhäutige Menschen, dann kommen wir kaum von dem Vorurteil los, daß den Schwarzen nicht zu trauen ist. Wenn wir unsere Sexualität verdrängen, brauchen wir uns nicht zu wundern, daß wir Homosexuelle oder Menschen, die mit ihrer Sexualität anders umgehen als wir, ablehnen und ausschließen. Wenn wir unsere Aggressionen verdrängen, dann werden wir sie auf Gruppen projizieren, die uns nicht genehm sind. Und wir merken dann gar nicht, wieviel Aggressivität in unseren Forderungen steckt, diese Gruppen mit Gewalt in Griff zu bekommen. Es ist erschreckend, wie oft man bei solchen Menschen brutale Worte hören kann, wie: »Die gehören alle vergast.« Da spürt man, daß die faschistische Vergangenheit in unserem Denken wieder auftaucht und wie nah wir sind, ähnlich wie im Dritten Reich mit mißliebigen Gruppen umzugehen.

Jeder kann durch sein Denken und Sprechen und vor allem durch sein Verhalten zur Versöhnung in unserer Gesellschaft beitragen. Vor allem sind natürlich die gefragt, die Verantwortung tragen. Da sind die Firmen zu nennen. Gute Unternehmen wissen heute um ihre Verantwortung, daß die Art und Weise, wie man in der Firma miteinander umgeht, auch das Klima in ihrer Umgebung prägt. Wenn eine Firma Wert darauf legt, daß sich jeder angenommen fühlt, daß alle fair und freundlich mit den ausländischen Mitarbeitern umgehen, dann hat das auch eine Wirkung nach außen. Dann wird in der Firma etwas eingeübt, was dem Frieden in der Gesellschaft dient. Umgekehrt, wenn alle neuen Mitarbeiter in einer Firma angeekelt und durch Mobbing wieder herausgedrängt werden, dann wird sich das destruktiv auswirken. Dann wird eine Atmosphäre erzeugt, die auch im privaten Bereich dazu antreibt, die Ellenbogen zu gebrauchen.

Manche meinen, sie seien machtlos gegenüber den Vorurteilen in der Gesellschaft. Aber wenn wir in unserem kleinen Bereich dagegen angehen, ist das nicht umsonst. Als sich in einer kleinen Firma eine Italienerin bewarb, fuhr sie der Chef unwirsch an, sie solle heimgehen und dort arbeiten. Mein Schwager hörte davon und rief den Chef an, daß er ein solches Verhalten nicht billigen könne. Und er brachte ihn dazu, sich bei der jungen Frau zu entschuldigen. Wenn niemand reagiert hätte, hätte dieser Mann vermutlich weiterhin so unqualifiziert auf Bitten von Ausländern reagiert. Das Gespräch hat ihn nachdenklich gemacht. Wahrscheinlich wird er das nächste Mal sensibler mit ausländischen Mitbürgern umgehen.

Eine Frau, die Sprachunterricht für Asylanten gibt, erzählte mir, in welchem Ton manche Beamte mit den Asylbewerbern umgehen. Doch wenn sie mitgeht und sich für sie einsetzt, werden die Beamten freundlicher. Dann trauen sie sich nicht, ihren Vorurteilen freien Lauf zu lassen. Jeder Beamte trägt die Verantwortung für das Klima seiner Behörde. Manche gehen sehr behutsam mit Bittstellern um, andere zeigen ihre Macht. Beamte, die Minderwertigkeitskomplexe haben, pochen auf ihre Macht. Sie können nicht ab- und zugeben. Manchmal spürt man ihnen sogar die Lust an, andere zu demütigen. Sie müssen andere klein machen, damit sie sich in ihren Minderwertigkeitskomplexen etwas größer fühlen dürfen. Sie verstecken sich hinter dem Gesetz oder der Vorschrift und meinen, sie seien im Recht. Sie merken gar nicht, daß sie mit ihrer rigorosen Auslegung der Vorschriften Menschen verletzen. Anstatt ihnen Recht zu verschaffen, verweigern sie ihnen das Recht auf Leben. Überall kann Versöhnung geschehen oder Spaltung bewirkt werden. Das gilt genauso für die Geschäfte. Der Ton der Verkäuferinnen erzeugt ein Klima, in dem sich Menschen geachtet oder entwertet fühlen. Immer wenn eine Verkäuferin gegenüber einem Ausländer freundlich ist, geschieht Versöhnung, wird ein Vorurteil abgebaut, wird der Riß, der so tief durch unsere Gesellschaft geht, ein Stück weit geheilt.

f) Versöhnung zwischen den Völkern

Die oft feindselige Geschichte zwischen verschiedenen Völkern hat tiefe Gräben gerissen. Solange diese Gräben nicht überbrückt werden, ist kein Friede auf unserer Welt möglich. Das deutsche Volk hat im Dritten Reich unendliche Schuld auf sich geladen, weil es das jüdische Volk ausrotten wollte. Es waren nicht nur die Juden, sondern auch die östlichen Völker, in denen die deutsche Armee gewütet hat, ohne sich an das Völkerrecht zu halten. Es darf uns nicht wundern, daß dadurch Vorurteile gegen die Deutschen gewachsen sind. Gott sei Dank gab es immer auch Ausnahmen. Der deutsche Stadtkommandant von Assisi wurde nach dem Krieg von der dortigen Bevölkerung eingeladen und geehrt. Denn er hatte sich für die Menschen der Stadt eingesetzt. Er hatte der Stadt die gesamte Ausrüstung des deutschen Lazaretts geschenkt. Aber überall schwären noch die Wunden, die deutsche Soldaten und vor allem die SS und die Gestapo in den besetzten Ländern geschlagen haben.

Nach dem Krieg taten sich die Deutschen schwer, mit der Schuld umzugehen, die sie auf sich geladen hatten. Und auch heute möchten sie sich am liebsten um die Aufgabe drücken, ihre Schuld einzugestehen und um Versöhnung zu bitten. Um die Wunden zwischen den Deutschen und den Völkern, gegen die Deutschland im 2. Weltkrieg gekämpft hat, zu heilen, kam der überzeugte Christ Albrecht Fürst zu Castell-Castell auf die Idee, im 50. Jahr nach Kriegsende gemeinsam mit Freunden Versöhnungswege zu gehen. Als Jahrgang 1925 war er die beiden letzten Jahre noch Soldat im Krieg. So lud er christliche Freunde und zwei Juden ein, gemeinsam in die Länder zu fahren, gegen die Deutschland Krieg geführt hat, um dort die Menschen im Namen des deutschen Volkes um Vergebung zu bitten. In Auschwitz bat er um Vergebung für den Antisemitismus in seiner Familie und im deutschen Adel. Er wollte mit den Versöhnungswegen erreichen, daß in Deutschland eine Bewegung der Vergebung und Versöhnung um sich greift, gerade auch bei älteren Menschen, die noch durch unversöhnte Beziehungen aus der Kriegszeit belastet sind. Ein Zigeuner, der im Konzentrationslager Dachau Schlimmes erlebt hatte, fühlte sich durch die Vergebungsbitte des Fürsten »frei von Ängsten, frei von Wut und Zorn gegen das deutsche Volk ... wie neugeboren« (Castell 236). Durch die Vergebungsbitte wurde ein Klima des Vertrauens geschaffen, in dem die damals verletzten Menschen das ihnen Angetane beweinen und zugleich loslassen konnten. So entstand eine Herzlichkeit, neue Beziehungen wurden geknüpft. Die betroffenen Menschen fühlten sich ernst genommen in ihrem Schmerz, in ihrer Wut, in ihrer Ohnmacht, die sie jahrelang mit sich herumgetragen hatten. Und so wurde ein neues versöhntes Miteinander möglich.

Manche meinen, eine Nation könne nicht immer im Büßergewand umherlaufen. Das würde zu einer kollektiven Neurose führen. Aber sich bei Völkern zu entschuldigen, denen man Unrecht und Leid angetan hat, ist keine Verdemütigung, sondern läßt einen wieder aufrecht leben. Das befreit von dem schlechten Gewissen, das viele unbewußt noch mit sich herumschleppen. Es bringt Klarheit in die Beziehungen zu anderen Völkern. Es berührt mich immer peinlich, wenn manche gleich auf die Untaten anderer Völker hinweisen. Natürlich haben auch die unterdrückten Völker nach ihrer Befreiung der deutschen Zivilbevölkerung großes Leid angetan. Aber es ist eine psychologische Gesetzmäßigkeit, daß verletzte Menschen wieder verletzen. Sie haben sich an den Verletzungen gerächt, die sie erlebt haben, und haben so das Unrecht nur noch vergrößert. Es war der Teufelskreis der Gewalt, den die deutsche Gewalt gesät hat. Dieser Teufelskreis kann nur durchbrochen werden, wenn der Verursacher bereit ist, sich zu entschuldigen, ohne den anderen ihre Schuld aufzurechnen. Wer sich entschuldigt, bewirkt auch im anderen, die eigene Schuld einzugestehen. Und dann kann ein neues, unbelastetes Miteinander entstehen. Die verdrängte Schuld ist sicher auch eine der vielen Ursachen für das Entstehen rechtsextremer Gruppen.

Wir brauchen nicht nur auf die deutsche Vergangenheit zu schauen. In unserer Welt entstehen immer wieder Konflikte, die aus dem Unversöhntsein bestimmter Volksgruppen oder Rassen herrühren. Da gibt es zum Beispiel den heillosen Konflikt im ehemaligen Jugoslawien. Auf allen Seiten tat man einander soviel Unrecht an, daß es schwer fallen wird, diese Menschen wieder zusammenzuführen. Keiner militärischen Gewalt wird es gelingen, den Haß zu überwinden. Bei jeder Gelegenheit wird dieser aufbrechen und zu Racheakten führen gegenüber denen, die Verwandte und Freunde umgebracht haben.

Leider haben auch hier die Kirchen und die verantwortlichen Politiker nicht versöhnend auf ihre Landsleute eingewirkt. Oft genug haben sie dazu beigetragen, sich gegen die anderen zu solidarisieren und sie als barbarisch zu verteufeln. Es braucht sicher viele Menschen, die bereit sind zur Vergebung und Versöhnung.

In Südafrika war lange Zeit die Apartheid Ursache vieler Konflikte. Männer wie Mandela und de Klerk haben es fertiggebracht, einen Prozeß der Versöhnung einzuleiten. Natürlich braucht dieser Prozeß Zeit. Und immer wieder werden alte Konflikte hochkommen. Aber trotzdem ist es wie ein Wunder, daß Weiße und Schwarze friedlich miteinander kooperieren. Ein ähnliches Wunder hat Martin Luther King in den USA bewirkt. Durch gewaltlosen Protest und durch ein versöhntes Herz hat er Bewegung in die verhärteten Fronten zwischen Schwarzen und Weißen gebracht. Im Nahen Osten war es Sadat, der sich nicht damit zufrieden gab, die Feindschaft zu Israel zu zementieren. Er hat den Friedensprozeß zwischen Juden und Arabern vorangetrieben. Auch hier gibt es noch genügend Klippen zu überwinden. Aber es wurde zumindest deutlich, daß man wieder miteinander sprechen konnte und die Probleme gemeinsam lösen wollte. Es waren immer Menschen, die mit sich versöhnt waren, die frei waren von den Vorurteilen, die die Völker und Gruppen bisher voneinander trennten. Sie haben den Teufelskreis der gegenseitigen Beschuldigung durchbrochen. Sie haben die Schuld nicht geleugnet. Aber sie waren bereit zur Vergebung und zu einem neuen Anfang.

Die Konflikte in Ruanda und Burundi haben zwei verschiedene Stämme in eine tödliche Feindschaft geführt. Solange diese Feindschaft besteht, kann man noch so viele militärische und finanzielle Mittel einsetzen. Man wird doch nichts bewirken.

Es braucht zuerst die Versöhnung in den Herzen, bevor auch eine Politik der Versöhnung möglich wird. Da hätten gerade die christlichen Kirchen in beiden Volksgruppen eine wichtige Aufgabe. Man spürt allerdings, daß die christliche Botschaft oft nur den Kopf erreicht, daß sie aber nicht fähig ist, die tiefer sitzenden Feindschaften zu überwinden. Offensichtlich gibt es irrationale Kräfte in den Menschen, die sich jeder Vernunft versperren. Diese unbewußten Kräfte haben mit der Stammesgeschichte zu tun, aber auch mit jahrelanger Unterdrückung und Ungerechtigkeit. Hier bräuchte es Männer und Frauen in Kirche und in Politik, die sich die Hand reichen und sich für die Versöhnung einsetzen. Das Vorbild würde sich auch auf das Volk auswirken.

Ein für uns Christen Ärgernis erregender Konflikt schwelt nach wie vor in Nordirland. Es ist eine Schande, daß sich Katholiken und Protestanten so brutal bekämpfen. Trotz vieler Versuche auf beiden Seiten ist die Feindschaft immer noch da. Offensichtlich hat sie nicht nur konfessionelle Gründe. Die jahrelange wirtschaftliche und soziale Benachteiligung der Katholiken hat ein Gewaltpotential entstehen lassen, das sich nicht durch gutes Zureden wieder aus der Welt schaffen läßt. Die Initiativen für den Frieden, die es auch in Nordirland gibt, sind trotzdem nicht wirkungslos geblieben. Auch hier ist zumindest ein Gesinnungswandel sichtbar. Und wir dürfen hoffen, daß der öffentlich ausgesprochene Gewaltverzicht eingehalten wird und der Frieden sich allmählich auch in den

Köpfen und Herzen der Menschen ausbreitet. Die ersten Schritte sind getan. Aber es braucht immer wieder die Bereitschaft zur Vergebung, damit sich die Versöhnung durchsetzen kann.

IV. Der Auftrag der Kirchen

Botschafter der Versöhnung

Für den hl. Paulus besteht der Auftrag der Christen darin, Botschafter der Versöhnung in dieser Welt zu sein. Auch wenn die Kirchen heute kleiner werden, besteht dieser Auftrag nach wie vor, ja vielleicht mehr denn je. Denn je kleiner die Kirche wird, desto weniger Rücksicht muß sie auf die Mächtigen und Reichen nehmen. Die Kirche hätte gerade heute die Aufgabe, sensibel zu sein für alle Tendenzen der Spaltung in unserer Gesellschaft und in der weiten Welt. Und sie müßte gerade als Anwalt der Armen auftreten, derer, die keine Lobby haben, derer, die durch das Netz der sozialen Sicherung fallen, die als Außenseiter keine Chance haben, in dieser Gesellschaft Fuß zu fassen. In vielen Fällen geschieht dies bereits, etwa wenn Caritas und Diakonie vehement für sozial gefährdete Menschen eintreten und dabei auch politische Konflikte in Kauf nehmen. Die vielen Fälle von Kirchenasyl zeigen, daß die Kirchen heute durchaus ein Gespür dafür entwickelt haben, wo sie sich für rechtlich nicht abgesicherte Menschen einzusetzen haben.

Aber die Kirchen müßten noch viel mehr nach den Gräben schauen, die unsere Gesellschaft

durchziehen. Und überall dort, wo Unversöhntsein, wo Feindschaft, wo Spaltung herrschen,
müßte sie nicht nur mahnend ihre Stimme erheben,
sondern auch sich selbst anbieten, zum Mittler
der Versöhnung zu werden. Das könnte durch
Gespräche mit den beteiligten Gruppen geschehen,
durch das Angebot, beide Parteien an einen Tisch
zu bringen und zwischen ihnen zu vermitteln. Natürlich kann das nicht die Kirche als Institution,
sondern immer nur ganz konkrete Vertreter der
Kirche, Bischöfe, Priester, engagierte Laien. Aber
es wäre wohl erstrebenswert, wenn die Kirchen
hier eine Art Versöhnungskultur schaffen würden.

a) Versöhnende Sprache

Teil dieser Versöhnungskultur wäre das Beobachten der Sprache, mit der die verschiedenen
Gruppen miteinander kommunizieren. Die Sprache verrät den Geist, der dahinter steckt. Oft ist es
eine Sprache der Gewalt, der Feindseligkeit, eine
Sprache, die spaltet, die verletzt, die entwertet und
kränkt. Gegenüber dieser Sprache müßten wir eine
neue Sensibilität entwickeln und eine neue Sprache versuchen, die verbindet und versöhnt. Darin
bestand ja das Pfingstwunder, daß die Apostel
auf einmal eine neue Sprache fanden, daß sie in
fremden Sprachen redeten, daß sie – vom Heiligen
Geist erfüllt – so sprechen konnten, daß alle sie
verstanden, daß auf einmal eine Gemeinschaft
entstand zwischen den verschiedenen Völkern und
Sprachgruppen. Dem Heiligen Geist zu vertrauen,

würde heute heißen, der Macht der versöhnenden Sprache zu trauen. Sie kann Menschen miteinander verbinden.

Die trennende und spaltende Sprache gibt es nicht nur in der Gesellschaft, sondern auch in der Kirche. Überall, wo in der Kirche gespalten wird zwischen Guten und Bösen, zwischen Rechtgläubigen und Häretikern, zwischen Konservativen und Progressiven, da ist es nicht die Sprache des Heiligen Geistes, sondern die Sprache des Diabolus, des Teufels, der alles durcheinander bringt, der die Menschen entzweit und sie jedes Wort auf verschiedene Weise deuten läßt. Nicht umsonst schildert die Bibel das Unheil als Verwirrung der Sprache. (Vgl. Gen 11) Wenn Worte nicht mehr miteinander verbinden, wenn die Menschen keine gemeinsame Sprache mehr sprechen, dann ist es auch schwierig, miteinander versöhnt zu leben. Das zeigt die Situation in vielen Familien, in denen die Ehepartner unfähig sind, ihre eigentlichen Gefühle und Bedürfnisse miteinander zu besprechen, in denen die Sprache der Eltern und Kinder so verschieden geworden ist, daß sie einander nicht mehr verstehen. Das zeigt der Zustand vieler Ordensgemeinschaften, die verlernt haben, miteinander zu kommunizieren. Wenn die Mitglieder einer Ordensgemeinschaft ›sprachlos‹ geworden sind, dann wird auch in kurzer Zeit das Leben erstarren. Es wird keine Gemeinschaft wachsen können, die sich miteinander austauscht und für die Welt fruchtbar wird. Wenn ich mir die Sprache der offiziellen kirchlichen Verlautbarungen genauer anschaue, so erschrecke ich vor der Belanglosigkeit der Sprache. Diese Sprache kann nicht verbinden, weil sie die Wirklichkeit gar nicht zum Ausdruck bringt. Es ist eine reine ›Insidersprache‹, die nichts mehr bewirkt.

b) Versöhnungsrituale

Eine andere Aufgabe der Kirche bestünde heute darin, Versöhnungsrituale zu entwickeln. Häufig können sich Menschen oder Gruppen nicht mehr miteinander versöhnen, weil sie keine geeigneten Rituale haben, diese Versöhnung zu vollziehen. Wenn wir in die Vergangenheit schauen, so waren es immer symbolische Gesten oder Rituale, die verfeindete Völker einen Schritt näher brachten. Da ist die Umarmung zwischen Adenauer und de Gaulle, der Kniefall Brandts in Warschau, der Handschlag zwischen Sadat und Begin. Da ist der Besuch, den de Klerk seinem Kontrahenten Mandela im Gefängnis abstattete. Das waren nicht nur Worte, sondern Rituale. Rituale geben uns die Möglichkeit, etwas auszudrücken, was wir mit Worten allein nicht vermitteln können. Rituale führen Menschen zusammen und stiften Gemeinschaft. Sie schaffen ein Klima des Vertrauens und Verstehens jenseits der Worte, die oft eine Quelle von Mißverständnissen sind.

Fürst Albrecht zu Castell-Castell hat die heilende und versöhnende Kraft der Rituale auf seinen Versöhnungswegen erfahren. Er feierte mit den Menschen, mit denen er sich versöhnen wollte, einen Wortgottesdienst. Der begann jeweils mit der Nennung der Ereignisse, die an dem konkreten Ort zu beklagen waren. Nach einem Gebet, einer Lesung aus Daniel 9,4ff, kurzer Auslegung und einem allgemeinen Bußgebet konnte jeder, der wollte, im eigenen Namen oder im Namen seiner Familie die Bitte um Vergebung an Angehörige des gastgebenden Volkes richten. Darauf konnten dann von den Betroffenen einzelne antworten: »Für meine Person und für alle, für die ich sprechen kann, nehme ich Eure Bitte um Vergebung im Namen Christi an.« Dann wurde gemeinsam Psalm 103 gebetet und alle tauschten den Friedensgruß aus. Dabei wurden Brot, Salz und Wein als Zeichen der Versöhnung und Freundschaft gereicht. Nach den Fürbitten beteten alle gemeinsam das Vaterunser, und die Liturgie schloß mit dem Segen. So wurde in einer Atmosphäre des Gebetes Versöhnung erfahrbar.

Es gibt viele Rituale, die die Versöhnung ausdrücken und bewirken können. Kaum ein Ritual ist für die Versöhnung geeigneter als die Eucharistiefeier. In ihr wird die Vergebung, die wir einander zusprechen, bestätigt durch den gemeinsamen Empfang von Leib und Blut Christi. Wir werden miteinander eins im Leib Christi. Das ist eine Klammer, die uns tiefer miteinander verbindet als alle menschlichen Verstehensversuche. Und es ist eine Klammer, die tiefer geht als alles, was uns voneinander trennen kann. Sie hebt die Spaltung auf, in die uns vergangene Schuld geführt hat. In der Eucharistiefeier könnten die Teilnehmer aus beiden Volksgruppen bei der Gabenbereitung Brot und Wein zum Altar bringen als Zeichen des guten Willens zur Versöhnung. Das, was wir bringen, wird dann in der Eucharistie verwandelt in den Leib und das Blut Christi. Und verwandelt wird es uns dann gemeinsam im heiligen Mahl gereicht. Treffender kann Versöhnung nicht ausgedrückt werden. Sie verlangt unseren guten Willen, sie braucht aber vor allem die verwandelnde Gnade Gottes. Das Brot, das aus vielen Körnern bereitet wurde, ist Bild für die vielen einzelnen Ereignisse, die Spaltung bewirkt haben, für das, was uns voneinander trennt und zerreißt. Es wird verwandelt in den Leib Jesu Christi und verbindet uns zur einen Gemeinschaft Jesu, so wie es Paulus im 1. Korintherbrief beschreibt: »Ein Brot ist es. Darum sind wir viele ein Leib, denn wir alle haben teil an dem einen Brot.« (1 Kor 10,17)

Beim Versöhnungsritual könnte man einen Kranz niederlegen als Erinnerung an die vergangenen Untaten und zugleich als Zeichen der Versöhnung. Oder man könnte gemeinsam einen Baum der Hoffnung pflanzen, der künftige Zeiten an die Bereitschaft zur Versöhnung erinnert. Man könnte ein Kreuz schenken, das in der Kirche aufgehängt wird oder in der Gemeinde an einem markanten Ort aufgestellt wird. Bei der Kreuzübergabe wäre es auch ein schöner Ritus, wenn die Teilnehmer einander das Kreuz in die Hand zeichnen und dabei dem anderen einen Wunsch des Friedens oder der Versöhnung in persönlichen Worten sagen. Das Kreuz ist ja das Zeichen der Versöhnung schlechthin. Am Kreuz hat Christus alle Gegensätze dieser Welt miteinander versöhnt: Himmel und Erde, Gott und Mensch, Gute und Böse, Juden und Griechen, Herren und Sklaven, Reiche und Arme, Männer und Frauen, Junge und Alte. Somit eignet sich das Kreuz wohl wie kein anderes Symbol, um die Bereitschaft zur Versöhnung auszudrücken. Die frühen Christen haben nicht nur sich selbst und einander mit dem Kreuz bezeichnet, sondern auch Gegenstände des alltäglichen Lebens. Für sie war das Kreuz Zeichen der Versöhnung, aber auch der Befreiung und Erlösung. Die Gesetze dieser Welt sind außer Kraft gesetzt. Die Mächte dieser Welt sind durchkreuzt. Wir gehören einer anderen Welt an, der Welt Gottes, der Welt der göttlichen Liebe und Versöhnung. So wäre es auch ein gutes Ritual, langsam und bewußt über den Friedhof zu gehen und das Kreuz über die Gräber der Gefallenen zu zeichnen. Oder man könnte Häuser und Plätze, in denen Unheil geschehen ist, mit dem Kreuz bezeichnen und so die Versöhnung Christi über diesen Ort herabrufen.

Solche Rituale und Symbole lassen das Geschehen der Versöhnung deutlicher werden, als Worte es vermögen. Sie lassen auch im Herzen Versöhnung geschehen. Und sie haben die Kraft, im Unbewußten die Widerstände gegen Frieden und Vergebung zu überwinden. Es sind nicht nur schöne Zeichen, die die Menschen emotional anrühren. Sie bewirken auch Versöhnung. Nicht umsonst gibt es in der Kirche die Sakramente, die auf sichtbare Weise das unsichtbare Heil vermitteln. Die frühe Kirche war überzeugt, daß in diesen Zeichen Christus selbst unter uns ist, uns berührt und an uns handelt. In solchen Zeichen kann uns bewußt werden, daß es unseren Willen zur Versöhnung braucht, daß die Versöhnung aber letztlich ein Werk der Gnade Gottes ist, um die wir gemeinsam bitten müssen. Nur so wird das, was wir bereit sind zu tun, auch von Dauer sein. Es wird uns verwandeln. Es wird auch in die unbewußten Bereiche unserer Psyche und in die unerlösten Strukturen unserer Völker eindringen, um in der Tiefe Frieden und Versöhnung zu wirken.

V. Das Sakrament der Versöhnung – Die Beichte

Die Kirche bietet seit Jahrhunderten ein Ritual an, das den Menschen die Erfahrung von Vergebung und Versöhnung vermittelt. Es ist das Sakrament der Beichte oder Bußsakrament, wie es heute oft genannt wird. Das deutsche Wort ›Beichte‹ bedeutet Aussage, Bekenntnis. ›Buße‹ kommt dagegen von ›baß‹ und hat mit ›besser‹ zu tun. In der Buße will ich etwas besser machen, wiedergutmachen, wiederherstellen. Da will ich die Beziehung zu Gott wiederherstellen und meine Schuld wiedergutmachen. Mit ›Buße‹ übersetzt man das griechische ›metanoia‹, das Sinnesänderung, Umkehr der Gedanken bedeutet. Keines der beiden Worte trifft wohl ganz das Geheimnis dieses Sakramentes. Um zu verstehen, was die Beichte für uns heute bedeuten könnte, müssen wir das Handeln Jesu betrachten. Denn in den Sakramenten der Kirche begegnen wir Jesus Christus, da berührt uns – so sagen die Kirchenväter – die Hand des geschichtlichen Jesus. So wie Jesus damals den Menschen ihre Sünden vergeben hat, so spricht er uns die Vergebung zu. Die Menschen spürten damals, daß Jesus anders von Gott gesprochen hat als die Pharisäer und Schriftgelehrten. Er hat die Vergebung mit Vollmacht verkündet, mit einer göttlichen Kraft, die die Menschen auch tatsächlich von ihrer Schuld befreit hat. Als Jesus dem Gelähmten seine Sünden vergab, da konnte dieser wieder aufstehen und gehen. Er war ein neuer Mensch geworden. Er konnte mit seinem ganzen Herzen daran glauben, daß die Last der Schuld, die ihn gelähmt hatte, von ihm genommen war. Die Kirche möchte im Sakrament der Beichte auch uns die Erfahrung vermitteln, die damals der Gelähmte machen durfte, daß wir aufstehen und als aufrechte und neue Menschen in dieser Welt leben. Damit die Christen als versöhnte Menschen in dieser Welt Versöhnung stiften können, brauchen sie selbst ein Ritual, das ihre eigene Zerrissenheit heilt und sie befreit von den Schuldgefühlen und der Schuld, die auf ihnen lastet und sie von der menschlichen Gemeinschaft trennt. Daher wäre es wichtig, daß die Kirche den Schatz dieses Sakramentes wieder neu belebt. Aber um ein Ritual so zu feiern, daß es die Menschen heute berührt, muß es immer wieder neu bedacht und geformt werden. Ein paar Gedanken zu dieser Neubesinnung auf das kostbare Geschenk der Beichte sollen im Folgenden dargelegt werden.

Geschichte der Beichte

a) Die Versöhnungsbeichte

Wenn wir in die Geschichte des Bußsakramentes schauen, entdecken wir zwei Quellen: einmal die

Versöhnungsbeichte oder Reconciliationsbeichte, zum anderen die Seelenführungsbeichte. Beide wurden schließlich vermischt in der sogenannten Andachts- oder Devotionsbeichte. Durch die Versöhnungsbeichte wurden in der frühen Kirche die Christen, die nach der Taufe in eine schwere Sünde gefallen waren, die also ihren Glauben aufgegeben, Ehebruch oder Mord begangen hatten, wieder in die Gemeinschaft der Kirche aufgenommen. Lange wurde in der Kirche diskutiert, ob es überhaupt möglich sei, einen, der sich in der Taufe ganz für Christus entschieden hatte und durch ein Verbrechen von dieser Entscheidung abgefallen war, wieder in die Gemeinschaft der Kirche aufzunehmen. Doch die mildere Praxis setzte sich durch. Wenn der Sünder vor dem Bischof seine Sünde bekannte, wurde er in die Reihe der Büßer aufgenommen und mußte öffentlich vor der Gemeinde Buße tun. Nach Ableisten der Buße wurde der Sünder öffentlich wieder in die Gemeinschaft der Kirche aufgenommen.

b) Die Andachtsbeichte

Diese öffentliche Kirchenbuße wurde allmählich durch die Privatbeichte verdrängt. In der frühen Kirche mußte der Sünder erst die Buße leisten, bevor er die Absolution erhielt. In der Privatbeichte wurde die Absolution vor der Buße gegeben. Die Buße war mehr ein symbolischer Akt und hatte nichts mehr mit der öffentlichen Buße zu tun. Die Privatbeichte konnte oft wiederholt werden. Im

19. Jahrhundert entwickelte sich durch die damals üblichen Volksmissionen der Brauch, möglichst oft zu beichten. Es entstand die sogenannte Devotionsbeichte oder Andachtsbeichte. Man meinte, je öfter man beichte, desto mehr Gnade verdiene man sich. Man verstand die Gnade dabei fast quantitativ, als ob man sich durch ein ganz bestimmtes Tun, wie Beichten oder Ablaßgebete, möglichst viele Gnaden sichern könnte. Die Beichte wurde in der Frömmigkeit des letzten Jahrhunderts eng an die Eucharistie gebunden. In der rigorosen Frömmigkeit des Jansenismus glaubte man, der Christ sei nur dann würdig zur Kommunion zu gehen, wenn er vorher gebeichtet habe. So wurde der Kommunionempfang zum seltenen Ereignis, auf das man sich durch die Beichte vorbereitete. Das führte dazu, daß wohl noch nie so häufig gebeichtet wurde wie in der ersten Hälfte des 20. Jahrhunderts. Aber dieses Beichtverständnis entsprach nicht mehr der Beichttheologie der frühen Kirche. Daher ist es kein Wunder, daß die bis in die fünfziger Jahre übliche Beichtpraxis heute zusammengebrochen ist.

c) Die Seelenführungsbeichte

Die zweite Quelle unserer heutigen Beichte ist die sogenannte Seelenführungsbeichte, wie sie im frühen Mönchtum entstanden ist. Jeder Mönch hatte einen geistlichen Vater, dem er seine Gedanken offenbarte. Dabei ging es nicht nur um Schuld, sondern um alle Bewegungen des Herzens, um Gedanken und Gefühle, um Leidenschaften und Bedürfnisse. Man sprach mit dem geistlichen Vater auch über seine Träume und über seinen Leib, über Krankheiten und Beschwerden. Denn das alles hielt man für wichtige Informationen über den inneren Zustand der Seele. Der geistliche Begleiter brauchte die Gabe der Unterscheidung der Geister und der Herzenskenntnis, um dem jungen Mönch auf seinem inneren Weg helfen zu können.

Die Seelenführung wurde nicht als Sakrament verstanden, sondern als geistliche Begleitung, die jeder Mönch brauchte, um auf seinem spirituellen Weg weiter zu kommen. Man könnte diese Seelenführung vergleichen mit dem therapeutischen Gespräch. Es ging um ehrliche Selbsterkenntnis, um Fortschritt auf dem Weg zu Gott, aber es ging auch um die dunklen Seiten, um die ›bösen Gedanken‹, die man dem geistlichen Vater offenbaren sollte, um ihnen ihre Macht zu nehmen. So rät der hl. Benedikt seinen Mönchen, sie sollten »die bösen Gedanken, die zum Herzen kommen, alsbald an Christus zerschmettern, indem man sie dem geistlichen Vater offenbart« (RB 4). Als die Mönchsgemeinschaften immer mehr Priester in ihre Reihen aufnahmen, wurde auch die Seelenführungsbeichte sakramentalisiert. So ging die Seelenführungsbeichte der frühen Mönche ein in die Devotions- oder Andachtsbeichte. Damit aber wurden die Unterschiede nivelliert und die eigentliche Absicht der monastischen Seelenführung verkannt. »Weil es in der sakramentalen Beichte um Nachlaß von Sünden geht, mußte nun das, was das eigentliche Thema der Seelenführungsbeichte ist, unter dem Aspekt der Sünde dargestellt werden. So entwickelte sich die Devotionsbeichte, in der mangels präsenter Sünden alle möglichen Unvollkommenheiten zu Sünden hochstilisiert oder längst vergebene Sünden nochmals absolviert wurden.« (Bacht 179f)

Die Geschichte des Bußsakramentes zeigt, daß die heutige Form der Beichte als Bekenntnis der Sünden im Beichtstuhl und als kurzer Zuspruch nicht die eigentliche Intention widerspiegelt, die die Kirche mit dem Sakrament der Versöhnung verbunden hat. Wir müssen uns wieder den Quellen zuwenden, um die Beichte dem heutigen Menschen als hilfreiches Angebot näher zu bringen. Leider gibt es auch heute noch Gläubige, die in der Beichte tief verletzt worden sind. Manchmal wurde in der Beichte geistlicher Mißbrauch getrieben. Die Beichtenden wurden ausgefragt und oft genug verurteilt. Es wurden ihnen – kraft des Gehorsams – Weisungen gegeben, die sie überforderten und verletzten. Anstatt Verständnis und Barmherzigkeit erfuhren sie Härte und Unbarmherzigkeit. Solche Verletzungen haben in vielen Angst vor der Beichte hervorgerufen oder völlige Abkehr von ihr bewirkt.

Viele meinen, als Christen ›müßten‹ sie beichten. Doch es gibt kein ›Muß‹ für die Beichte. Wir ›dürfen‹ beichten. Wir dürfen in der Beichte Gottes Zuwendung und Vergebung erfahren. Theologisch gesehen müssen wir nur die Todsünden beichten. Todsünden sind aber nur Sünden, bei denen wir uns in einer schweren Sache aus völlig freiem Gewissen bewußt gegen Gott entscheiden. Die meisten Sünden sind aber nicht Sünden der bewußten Entscheidung gegen Gott, sondern Sünden der Schwäche, Sünden, in denen wir von unseren Emotionen und Leidenschaften beherrscht werden. Die Psychologie sagt uns, daß eine absolut freie Entscheidung eher selten ist. Für die meisten Sünden und Fehler, die wir beichten, bedarf es nicht der Absolution, sondern eher einer »zielstrebigen Läuterungsarbeit« (Bacht 181). Daher wird vieles, was früher in der Seelenführungsbeichte behandelt wurde, heute in der geistlichen Begleitung angesprochen. Dort geht es darum, die Abgründe des eigenen Herzens kennenzulernen und Strategien zu entwickeln, wie das Verhalten verändert werden kann und Bewegung in die psychologischen Mechanismen der immer gleichen Fehler kommt.

Wenn die meisten Beichten, die wir als Priester im Beichtstuhl oder beim Beichtgespräch erleben, auch Seelenführungsbeichten sind, so gibt es heute durchaus noch die Reconciliations- oder Versöhnungsbeichte. Wenn Menschen in eine Schuld geraten sind, die sie sich selbst nicht vergeben können, brauchen sie die Erfahrung, daß sie von Gott angenommen und in die menschliche Gemeinschaft wieder aufgenommen werden. In der Schuld fühlen sie sich von der menschlichen Gemeinschaft ausgeschlossen. Sie brauchen den Ritus der Beichte, um sich wieder als Mitglied der menschlichen

Gemeinschaft fühlen und sich selbst vergeben zu können. Versöhnung ist ein Aspekt jeder Beichte. Denn wir kommen immer wieder als Menschen zu Gott, die sich selbst nicht annehmen können, die unzufrieden sind mit sich und die daher in der Beichte die Annahme von Gott sichtbar und sinnenhaft erfahren möchten. Aber wir müssen die beiden Aspekte Reconciliation (Versöhnung) und Seelenführung auseinanderhalten, um der Gefahr zu entgehen, alles gleich als Sünde zu benennen. Um die Beichte richtig verstehen und praktizieren zu können, müssen wir daher erst einmal klären, was Sünde und Schuld eigentlich sind und wie wir damit umgehen sollen.

Umgang mit der Schuld

Häufig hört man heute die Klage, daß der moderne Mensch kein Gespür mehr für Schuld und Sünde habe und daß die nachlassende Beichtpraxis mit dem mangelnden Schuldbewußtsein zusammenhänge. Sicher hat der Mensch heute kein Verständnis mehr für den traditionellen Begriff der Sünde als Übertretung von Geboten. Die Gebote sind uns heute nicht mehr so eindeutig wie in früheren Zeiten. Wir wissen aus der Psychologie, daß sich hinter der korrekten Fassade eines gesetzestreuen Christen viel Aggressivität und Falschheit verbergen können. In den Bereichen, die manche Beichtspiegel ansprechen, fühlt sich der Mensch heute nicht mehr schuldig. Aber wenn wir die moderne Dichtung aufschlagen, so sehen wir, daß viele Dichter immer wieder um die Schuld kreisen, in die sich Menschen verstricken. »Die moderne Literatur deckt dem Menschen heute unerbittlich auf, wo er schuldig wird. Schuldig wird der Mensch, wenn er die Wirklichkeit nicht erkennt, wie sie ist, wenn er gleichgültig mit allen nur mitläuft. Der Mensch macht sich schuldig, wenn er aus Trägheit, Denkfaulheit und mangelndem Mut die gesellschaftlichen Verhältnisse nicht ändert. Die totale Welt des Geschäfts, die Verurteilung zu Leistung und Erfolg drängen ihn in die Schuld, ohne daß er es merkt.« (Grün 226)

a) Schuldgefühle und Schuld

Die Psychologen stellen heute beides fest: auf der einen Seite ein mangelndes Bewußtsein für das Schuldigwerden und auf der anderen Seite ein Überhandnehmen der Schuldgefühle. Dabei müssen wir unterscheiden zwischen realer Schuld und Schuldgefühlen. Viele Schuldgefühle zeigen keine wirkliche Schuld an, sie sind vielmehr Ausdruck mangelnder Klarheit und mangelnden Selbstvertrauens. Viele fühlen sich schuldig, weil das eigene Über-Ich sie anklagt. Sie haben die Gebote und Werte der Eltern so verinnerlicht, daß sie sich nur mit Schuldgefühlen davon befreien können. Eine junge Frau, die als Kind von ihrer Mutter ständig zur Arbeit angetrieben worden ist, fühlt sich schuldig, wenn sie sich einmal ausruht und sich etwas gönnt. Andere fühlen sich schuldig,

wenn sie die Erwartungen der anderen, des Ehe-
partners, des Freundes, des Arbeitskollegen, nicht
erfüllen können. Wieder andere verurteilen sich
schon für die Gefühle von Haß und Neid, die
in ihnen hochkommen. Sie bestrafen sich durch
Schuldgefühle, wenn sie Aggressionen in sich
wahrnehmen. Statt die Aggression anzunehmen
und in ihr Lebenskonzept zu integrieren, richten
sie diese gegen sich selbst. Die Aufgabe der Psychologie und auch einer guten Seelsorge besteht
darin, zwischen Schuldgefühlen und echter Schuld
zu unterscheiden.

Da Schuldgefühle immer unangenehm sind, hat
der Mensch viele Mechanismen entwickelt, ihnen
aus dem Weg zu gehen. Ein Weg, um die Schuldgefühle nicht wahrzunehmen, ist die Projektion
auf andere, auf einzelne Menschen, auf Gruppen
oder Strukturen. Der Mensch wehrt sich gegen
die Schuldgefühle, weil sie das eigene Idealbild
zerstören und ihn aus der Gemeinschaft ausschließen. Das Eingeständnis der eigenen Schuld würde
ihm den Lebensboden entziehen und wäre »eine
radikale Bedrohung seines Menschseins« (Affemann 132). So ist es nur verständlich, daß wir
unsere Schuld verdrängen. Doch das führt zur
Erstarrung des Lebens in Wiederholungszwängen,
zu Unempfindlichkeit und Apathie. Verdrängte
Schuldgefühle äußern sich in Zorn, Angst, Gereizt-
heit und Verstocktheit. Der Verlust des Gespürs für
wirkliche Schuld bedeutet letztlich einen Verlust
des Menschseins. »Wenn der Mensch die Möglichkeit, Schuldiger zu sein, nicht mehr wahrnimmt,

dann nimmt er seine wesentliche Existenztiefe, das Eigentliche und ihn Auszeichnende, seine Freiheit und Verantwortung nicht mehr wahr.« (Görres 77) Wenn das Bewußtsein für die Schuld verlorengeht, dann äußert sich das Böse im Menschen nicht mehr »als schlechtes Gewissen, sondern nur noch als diffuse Angst oder Depression, als vegetative Dystonie« (Görres 78). Anstelle der Schuldgefühle plagen den Menschen dann Versagensängste und Depressionen.

Die Psychologie beschäftigt sich aber nicht nur mit den Schuldgefühlen, sondern auch mit der realen Schuld. Für C. G. Jung besteht die Schuld in der Spaltung: Ich weigere mich, mich so anzuschauen und anzunehmen, wie ich bin. Was unangenehm ist, das verdränge ich, das spalte ich ab. Schuld ist für Jung nicht etwas Notwendiges, in das der Mensch unausweichlich gerät, sondern hat durchaus mit freier Entscheidung zu tun. Ich verschließe bewußt meine Augen vor dem, was dem eigenen Idealbild widerspricht. Der Mensch möchte immer wieder seiner Wahrheit ausweichen. Die einen gehen der eigenen Wirklichkeit aus dem Weg, indem sie ihre Schuld verharmlosen, die anderen, indem sie ihre Reue übertreiben. Statt seiner Schuld ins Auge zu sehen und umzukehren (Umkehr = Buße), genießt man dann die Reue »wie ein warmes Daunenbett an einem kalten Wintermorgen, wenn man aufstehen sollte. Diese Unehrlichkeit, dieses Nicht-sehen-Wollen macht, daß es zu keiner Konfrontation mit dem eigenen Schatten kommt.« (Jung Bd. 8, 680)

b) Schuld als Chance

Der Mensch wird nach C. G. Jung schuldig, wenn er sich weigert, der eigenen Wahrheit ins Auge zu sehen. Aber es gibt für Jung auch eine fast notwendige Schuld, der der Mensch nicht entrinnen kann. »Nur ein höchst naiver und unbewußter Mensch kann sich einbilden, er sei imstande, der Sünde zu entrinnen. Die Psychologie kann sich dergleichen kindliche Illusionen nicht mehr leisten, sondern muß der Wahrheit gehorchen und sogar feststellen, daß die Unbewußtheit nicht nur keine Entschuldigung, sondern sogar eine der ärgsten Sünden ist. Menschliches Gericht mag sie von Strafe befreien, um so unbarmherziger aber rächt sich die Natur, die sich nicht darum kümmert, ob man sich einer Schuld bewußt ist oder nicht.« (Jacobi 242) Die Schuld ist eine Chance, die eigene Wahrheit zu entdecken, in die Tiefe seines Herzens zu schauen und dort auf seinem Grund Gott selbst zu finden.

Unsere Aufgabe besteht darin, den eigenen Schatten anzunehmen und in aller Demut auch die eigene Schuld zu akzeptieren. Denn auf dem Weg der Selbstwerdung gerät der Mensch immer auch in Schuld. Jung will das nicht entschuldigen oder uns gar zur Schuld einladen, sondern er stellt einfach fest, was immer wieder geschieht. Wenn sich der Mensch seiner Schuld stellt, schadet sie ihm nicht auf dem Weg der Bewußtwerdung. Der Umgang mit der Schuld erfordert aber eine moralische Leistung. Sich der Schuld bewußt zu

werden, verlangt zugleich, etwas bei sich zu ändern und zu verbessern. »Was im Unbewußten
bleibt, verändert sich bekanntlich nie, nur im Bewußtsein lassen sich psychologische Korrekturen
anbringen. Das Bewußtsein der Schuld kann daher
zum gewaltigsten moralischen Antrieb werden ...
Ohne Schuld gibt es leider keine seelische Reifung
und keine Erweiterung des geistigen Horizontes.«
(Hartung 50f) Die Erfahrung der eigenen Schuld
kann so den Beginn einer inneren Wandlung anzeigen.

c) Das Böse

Die Psychologie verbietet uns, die Sünde zu einseitig als Übertretung der Gebote zu verstehen.
Schuld und Triebschicksal, Fehlentwicklung und
mißlungene Erlebnisverarbeitung liegen eng ne-
beneinander. Und es läßt sich nicht immer genau
analysieren, wo in einem objektiv bösen Verhalten
nun der Anteil an Schuld liegt. Aber die Psychologie rechnet auch damit, daß wir schuldig werden
können, wenn wir dem Bösen in uns Raum geben,
wenn wir die Aufarbeitung unserer Vergangenheit
verweigern und uns ohne Kampf einfach vom Bösen
bestimmen lassen. Albert Görres hat einige Deutun-
gen des Bösen durch die Psychologie aufgezählt. Für
Sigmund Freud ist das Böse das Unzweckmäßige
im Hinblick auf Glück und Wohlbefinden. Das
Böse ist das, was die Gesellschaft verbietet und
bestraft, weil es das menschliche Zusammenleben
stört. Das Böse entsteht, wenn die Triebbedürfnisse

aufgrund übermäßiger Versagungen oder Forderungen »Formen annehmen, die das Zusammenleben bedrohen« (Görres 78). »Eine nie versiegende Quelle des Bösen ist die Übertragung. Ein lieblos und ungerecht behandeltes Kind überträgt als Erwachsener den Groll, die Rachsucht gegenüber den Eltern auf andere Personen. Sie werden behandelt, als seien sie die der Rache würdigen Eltern. Viel Böses bei Erwachsenen ist nachträgliches Begleichen alter Rechnungen bei den falschen Schuldnern« (Görres 80), »unaufhörliches Nachtarocken am falschen Platz« (ebd. 136). Das Böse ist für Freud eine Fehlleistung, eine Fehlentwicklung aufgrund mißlungener Verarbeitung von seelischen Verwundungen. Das Böse nimmt immer dann überhand, wenn einem Menschen zu lange eine angemessene Befriedigung seiner Triebe und Wünsche versagt wird. Die negativen Erfahrungen in der Kindheit führen dann meist zum Teufelskreis böser Taten und quälender Schuldgefühle.

Die Vorstellung der ›Tugendhaften‹, die Menschen würden aus reiner Lust das Böse tun, weist Görres zurück: »Das Böse ist meist keine fröhliche Bosheit aus vollem Herzen, kein Genuß ohne Reue, sondern eine gequälte, zwanghafte und suchthafte oder angst- und triebgejagte, eine leidvolle Reaktion auf unerträgliche Verwundungen und Entbehrungen.« (Görres 134) Die Psychologie bewahrt uns vor einseitiger Verurteilung von Menschen, die Böses tun. Aber zugleich zeigt sie uns, daß auch für die psychische Entwicklung des Menschen die Vergebung eine entscheidende

Voraussetzung ist. Nur wenn ich den Menschen vergeben kann, die mich gekränkt und gequält haben, kann der Eisblock eingefrorener Haßgefühle schmelzen, kann ein Stück Böses verwandelt und bewältigt werden. Und das sind wir nicht nur uns selbst, sondern auch der Gesellschaft schuldig. Ohne Vergebung wuchert das Böse weiter wie ein Krebsgeschwür.

d) Weder be- noch entschuldigen

Die Frage ist, wie wir mit unserer Schuld umgehen sollen. Wir müssen uns vor zwei Tendenzen hüten: vor dem Beschuldigen und vor dem Entschuldigen. Wenn wir uns selbst beschuldigen, zerfleischen wir uns mit Schuldgefühlen und bestrafen uns damit selbst. Wir dramatisieren unsere Schuld. Dadurch fehlt uns die Distanz zur eigenen Schuld. Wir gehen nicht wirklich mit der Schuld um, sondern lassen uns von ihr beherrschen und nach unten ziehen. Diese Selbstentwertung ist häufig unrealistisch, sie entspricht nicht der Wirklichkeit. (Vgl. Rauchfleisch 360) Sie verhindert daher eine ehrliche Selbstkritik und Selbstverantwortung. Man verurteilt sich in Bausch und Bogen und meidet ein echtes Hinschauen auf die tatsächlichen Sachverhalte. Oft ist diese Selbstbeschuldigung nur die Kehrseite des Stolzes. Im Grunde möchte man besser sein als die anderen und sich über sie erheben. Aber dann kommt die Stimme des eigenen Über-Ichs, die das verbietet. Und so bestraft man seine Versuchung zur

Selbsterhöhung. Oft bezeichnen sich solche Menschen dann als die schlimmsten Sünder, die es gibt. Weil sie nicht die Besten sein können, müssen sie die Schlimmsten sein. Sie weigern sich, ihre Durchschnittlichkeit anzuerkennen und wollen die anderen auf jeden Fall übertreffen, wenn schon nicht im Guten, dann wenigstens im Bösen. Ihnen täte Demut gut, der Mut, zu sich und ihrer Menschlichkeit und Erdhaftigkeit (humilitas) zu stehen. Die andere Gefahr besteht darin, sich zu entschuldigen. Auch das ist eine Weise, vor der Schuld davonzulaufen. Ich suche nach tausend Gründen, warum ich nicht schuldig geworden bin und versuche, mich mit allen möglichen Beweisgründen zu rechtfertigen. Doch je mehr ich mich rechtfertigen möchte, desto größer werden die Zweifel, die in mir auftauchen. Und es bleibt mir nichts anderes übrig, als nach immer neuen Gründen der Rechtfertigung zu suchen. Die Weigerung, mich meiner Schuld zu stellen, stürzt mich in Betriebsamkeit. Ich kann die Stille nicht aushalten. Denn da würden sofort meine Schuldgefühle auftauchen und ich würde spüren, daß meine Rechtfertigungsversuche ins Leere zielen.

e) Das befreiende Gespräch

Sich der eigenen Schuld zu stellen, gehört zur Würde des Menschen. Ich bin schuldfähig. Wenn ich meine Schuld verharmlose, indem ich nach Entschuldigungen suche oder die Schuld auf andere schiebe, dann beraube ich mich der Würde, daß ich schuldig werden kann. Schuld ist immer Ausdruck meiner Freiheit. Die Entschuldigung oder die Verharmlosung der Schuld nehmen mir meine Freiheit. Indem ich die Verantwortung für meine Schuld übernehme, verzichte ich auf alle Rechtfertigungsversuche oder auf die Schuldzuweisungen an andere. Das ist die Bedingung dafür, daß ich als Mensch innerlich weiterkomme, daß ich aus dem Gefängnis der permanenten Selbstbestrafung und Selbsterniedrigung ausbreche und zu mir selbst finde. Das Eingeständnis der Schuld gegenüber einem Menschen führt oft zur Erfahrung einer größeren Nähe und eines tieferen Verständnisses füreinander. (Vgl. Rauchfleisch 354) Daher ist das Gespräch mit einem anderen der angemessene Weg für unseren Umgang mit der Schuld. Im Gespräch gestehe ich meine Schuld ein, aber zugleich distanziere ich mich von ihr. Ich erkläre meine Bereitschaft, die Grundregeln der menschlichen Gemeinschaft zu akzeptieren. »In einem solchen Gespräch kann ich erfahren, daß mich nichts mehr von den anderen trennt, weil ich nichts mehr zu verbergen habe. Ich erlebe, daß der oder die andere meine Schuld anschaut und nicht erschrickt oder von Abscheu überrollt wird oder zu einem Vergeltungsschlag ausholt, sondern sich als Mensch zu mir stellt, dem das Menschliche nicht fremd ist.« (Wachinger 244)

Der Gesprächspartner muß meine Schuldgefühle ernst nehmen, selbst wenn sie nicht auf reale Schuld hinweisen, sondern auf ein allzu strenges Über-Ich schließen lassen. Jedes Schuldgefühl hat seinen Grund. Oft liegt der Grund in Konflikten der Kindheit. Auch wenn das Schuldgefühl noch so abstrus zu sein scheint, muß es der Berater ernst nehmen und für berechtigt halten. (Vgl. Rauchfleisch 361) Die Kunst des Beichtvaters oder der Beichtmutter besteht darin, die Schuldgefühle weder zu verstärken noch zu beschwichtigen. Wenn ich die Selbstvorwürfe des anderen nur bagatellisiere, nehme ich ihn in seiner Not nicht ernst. Ich gebe mir nicht die Mühe, mich wirklich in den anderen hineinzuversetzen. Oft sind daher die Beschwichtigungen »nicht in erster Linie an den Klienten gerichtet, ... sondern Ausdruck der eigenen Unfähigkeit, sich mit den schwierigen, den Berater selbst irritierenden Problemen des Ratsuchenden auseinanderzusetzen.« (Rauchfleisch 362) Wenn eine Frau in die Beichte kommt, die abgetrieben hat und sich schuldig fühlt, dann helfe ich ihr nicht weiter, indem ich sage, es sei doch nicht so schlimm. Ich darf sie nicht verurteilen. Das steht mir nicht zu. Ich darf aber die Schuld auch nicht verharmlosen. Sonst fühlt sie sich nicht ernst genommen. Ich muß ihre Schuldgefühle so nehmen, wie sie sind, ganz gleich, ob sich in die reale Schuld auch noch Schuldgefühle mischen, die von einer rigorosen Erziehung herrühren. Nur so kann die Vergebung der Schuld in der sakramentalen Absolution die Frau von ihren Schuldgefühlen befreien und sie innerlich wieder aufrichten.

Schuldgefühle sind immer berechtigt, sie haben immer eine Ursache. Das Problem bei krankhaften Schuldgefühlen ist nur, daß der Beichtende

nicht die eigentlichen Quellen seiner Schuldgefühle
kennt, sondern sie an Erfahrungen festmacht, die
sekundär sind. »Was er uns heute als Ursache
seiner Schuldgefühle nennen kann, ist nicht der
eigentliche Konfliktherd, sondern eine chiffrierte
Darstellung seiner Probleme, die sich daraus nur
indirekt erschließen lassen.« (Rauchfleich 363) Die
Aufgabe des Beichtvaters wäre es, zusammen mit
dem Beichtenden nach den eigentlichen Quellen
seiner Schuldgefühle zu forschen, ihn an die wirk-
lichen Konfliktherde heranzuführen und ihm die
ursprüngliche Schuld aufzuzeigen, die er vielleicht
noch nie mit Namen genannt hat. Oft wird man
dann im Gespräch über die Schuldgefühle auf die
verdrängten Aggressionen oder die verbotenen
Triebregungen und die unterdrückten Bedürfnisse
stoßen. Dann müßte sich der Beichtende erst mit
seinen Aggressionen und Bedürfnissen aussöhnen.
Und vielleicht erkennt er im Gespräch, daß seine
eigentliche Schuld nicht in dem liegt, was er gebeichtet hat, sondern in der Weigerung, sich den
eigenen Triebbedürfnissen zu stellen.

f) Gott meine Wahrheit hinhalten

Manchmal benutzen Christen die Beichte dazu,
ihrer Schuld auszuweichen. Sie möchten die Schuld
durch die Beichte möglichst schnell loswerden,
ohne sich ihr zu stellen. Doch das ist kein reifer
Umgang mit Schuld. Die Beichte wird mich nur
dann von meiner Schuld befreien, wenn ich sie
offen anschaue. Das Anschauen der Schuld geht

121

über das Erinnern. Ich rufe die Situation nochmals in Erinnerung, in der ich schuldig geworden bin oder mit Schuldgefühlen reagiert habe. Die Erinnerung wird in mir negative Gefühle hochkommen lassen, Wut und Zorn über mich selbst oder über die, die mich verletzt haben, Schmerz, Enttäuschung, Traurigkeit. Diesen negativen Gefühlen darf ich nicht ausweichen, sonst können sie sich nicht wandeln. Ohne diese ehrliche Auseinandersetzung mit meiner Schuld werde ich mich nicht weiterentwickeln, sondern immer nur um meine Schuldgefühle kreisen. Dann wird auch die Beichte nicht zu wirklicher Umkehr führen, sondern nur zu einer Verfestigung meines schuldhaften Verhaltens. Umkehr braucht auch Umkehrarbeit. Das lehrt uns die Psychologie. Und auch wenn die religiöse Weise, mit der Schuld umzugehen, darin besteht, sie Gott hinzuhalten und im Blick auf den barmherzigen Gott an die Vergebung zu glauben, die mich von meiner Schuld befreit, so enthebt mich das doch nicht der Arbeit an mir selbst. Ich kann Gott nur die Schuld hinhalten, die ich bewußt anschaue und in der ich auf meine eigene Wahrheit gestoßen bin. Dieses bewußte Wahrnehmen und Durchschauen meiner Schuld auf die dahinterliegenden Konflikte ist die Leistung, die ich erbringen muß. Die Vergebung ist Gottes Geschenk. Sie ist nicht verdient oder erkauft. Aber ich kann dieses Geschenk nur annehmen, wenn ich Gott meine leeren Hände und in meinen Händen meine eigene Wahrheit hinhalte.

Der Sinn der Beichte

Viele Menschen fragen heute, warum sie denn beichten müßten. Gott würde ja auch ohne Beichte vergeben. Sie könnten ihre Schuld Gott direkt sagen und bräuchten dazu keinen Priester. Natürlich vergibt Gott unsere Schuld auch ohne Beichte. Gott ist nicht an die Beichte gebunden. Gott ist immer der Vergebende. Wir können seine vergebende Liebe erfahren, wenn wir sein Wort hören oder meditieren, wenn wir im Gebet unsere Wahrheit in Seine Liebe halten. Die Frage ist nicht, wie Gott vergibt, sondern wie wir an seine Vergebung glauben können. Der Ritus der Beichte möchte uns vor allem helfen, an die Vergebung glauben zu können. Denn es gibt in uns eine innere Stimme, die uns daran hindert, Gottes Vergebung anzunehmen. Wer schuldig geworden ist, fühlt sich als unannehmbar. Von diesem Gefühl kann ihn das aufmunternde Wort eines Freundes oft nicht befreien. Er braucht den Ritus, der in die Tiefen seines Unbewußtseins vordringt und die psychologischen Barrieren beseitigt, die ihn davon abhalten, an die Vergebung zu glauben.

C. G. Jung erzählt einmal von einer Frau, die ihre Freundin vergiftet hatte, um ihren Mann heiraten zu können. Sie hatte alles so arrangiert, daß kein Verdacht auf sie fiel. Aber sie konnte ihr Schuldgefühl nicht loswerden. Sie fühlte sich ausgeschlossen von der Gemeinschaft der Menschen, ja sogar aus der Gemeinschaft der Tiere und Pflanzen. Sie war Reiterin und erlebte plötzlich, daß das Pferd sie abwarf. Die Blumen in ihrem Zimmer gingen ein. In dieser Situation kam sie zu C.G. Jung. »Sie mußte beichten, und zu diesem Zweck kam sie zu mir. Sie war eine Mörderin, aber darüber hinaus hatte sie sich auch selbst gemordet. Denn wer ein solches Verbrechen begeht, zerstört seine Seele ... Die Frau ist durch den Mord sogar den Tieren fremd geworden und in eine unerträgliche Einsamkeit geraten. Um ihre Einsamkeit loszuwerden, hat sie mich zu ihrem Mitwisser gemacht. Sie mußte einen Mitwisser haben, der kein Mörder war. Sie wollte einen Menschen finden, der ihre Beichte voraussetzungslos annehmen konnte, denn damit würde sie gewissermaßen wieder eine Beziehung zur Menschheit gewinnen.« (Jung, Erinnerungen 129) Da die Schuld uns von der menschlichen Gemeinschaft ausschließt, bedarf eine wirklich tiefe Schuld des Gesprächs, um sich wieder als Mensch unter Menschen fühlen zu können.

a) Die trennende Mauer niederreißen

Jung nennt noch einen anderen Grund für die Notwendigkeit der Beichte: »Es scheint eine Art von Menschheitsgewissen zu geben, das jeden empfindlich bestraft, der nicht irgendwo und irgendwann den Tugendstolz seiner Selbstbehaltung und Selbstbehauptung aufgibt und das Bekenntnis seiner fehlbaren Menschlichkeit ablegt. Ohne dieses trennt ihn eine undurchdringliche Mauer vom lebendigen Gefühl, Mensch unter Menschen zu sein.« (Jacobi 232)

Die Beichte reißt also nach Jung die Mauer nieder, die uns von Gott, von uns selbst und von den Menschen trennt. Es ist für die Gesundheit des Menschen offensichtlich notwendig, daß er einen Ort hat, an dem er bewußt seine Fehler und Schwächen bekennen und über seine Schuld und Schuldgefühle sprechen kann. Normalerweise reden wir ja mit Freunden lieber über unsere Stärken und Großtaten. Die wirkliche Schuld verschweigen wir. Es ist befreiend für uns, wenn wir über alles reden können, gerade auch über unsere Schuld. Aber das Gespräch über unsere Schuld wird nur gelingen, wenn wir einen Rahmen haben, der uns schützt, einen Ort, an dem wir nicht verurteilt werden, sondern bedingungslose Annahme erfahren. Solche Orte sind heute vor allem die Therapie und die Beichte. Wer über seine Schuld nicht sprechen kann, der wird im Innern ständig von der Angst geplagt, jemand könnte seine Fehler entdecken. Das Reden über meine Schuld befreit mich von dieser Angst.

b) »Deine Sünden sind dir vergeben«

Für Jung ist der Ritus der Beichte wichtig, um in der Tiefe des Unbewußten unser tiefes Mißtrauen gegenüber der Vergebung zu überwinden. »Durch den Ritus wird dem kollektiven und numinosen Aspekt des Augenblicks über seine rein persönliche Bedeutung hinaus Genüge getan. Diese Seite des Ritus ist von größter Bedeutung. Das persönliche Gebet des Pfarrers befriedigt jenes

Bedürfnis keineswegs. Denn die Antwort muß kollektiv und historisch sein; sie muß die Ahnengeister beschwören, um die Gegenwart mit der historischen und mythischen Vergangenheit zu verbinden ... Die Wirkung des echten Ritus ist durchaus nicht magisch, sondern psychologisch.« (Briefe II,440) Die Beichte vermittelt die Vergebung Gottes so, daß sie auch in der Tiefe des menschlichen Herzens ankommen kann. Jung spricht dem Ritus eine Wirkung in der Psyche des Menschen zu, die tiefer ist als Worte, die sich nur an den Verstand oder das Gefühl wenden. Aber er wirft den Kirchen auch vor, sie hätten den psychologischen Sinn des Ritus vernachlässigt. Es wäre eine wichtige Aufgabe für die Kirche, den Ritus der Beichte wieder so zu vollziehen und zu vermitteln, daß die Menschen davon in ihrem Herzen angerührt werden, daß sie in der Tiefe ihrer Seele an die Vergebung glauben und die befreiende Kraft der Vergebung erfahren. Der Ritus setzt den tief sitzenden Schuldgefühlen etwas Überpersönliches entgegen. Er bringt den Beichtenden in Berührung mit der Vollmacht Jesu Christi, der selbst am Schuldigen handelt und ihn von seiner Schuld und seinen Schuldgefühlen befreit: »Deine Sünden sind dir vergeben ... Steh auf, nimm dein Bett und geh!« (Vgl. Mk 2,5.11)

Die konkrete Gestaltung des Beichtrituals

Die Beichte braucht Vorbereitung. Ich höre in mich hinein, um zu spüren, wo es mit mir nicht mehr stimmt, wo ich abgewichen bin von meiner eigentlichen Spur, wo ich mich selbst verletzt habe und wo ich anderen weh getan habe. Ich schaue meine Beziehung zu Gott an. Und ich überlege, was ich in der Beichte ansprechen möchte. Bei der Beichtvorbereitung ist es gut, sich vor Augen zu führen, daß das Sakrament der Beichte ein Fest der Versöhnung ist. Auf dieses Fest soll ich mich vorbereiten und bewußt darauf zugehen, damit ich dann wirklich ein Fest der Befreiung und Versöhnung feiern kann. Ich werde in der Beichte Christus begegnen, der mich bedingungslos annimmt. Ich gehe zu Gott, meinem Vater, der mich aufnimmt und ein Fest der Freude mit mir feiert, weil ich, der ich mich verloren und mir selbst entfremdet hatte, wiedergefunden wurde, weil ich, der ich tot war, erstarrt in Zwängen und alten Mustern, wieder lebendig geworden bin. So könnte das Gleichnis vom verlorenen Sohn oder barmherzigen Vater ein schönes Bild sein, mich auf das Fest der Versöhnung in der Beichte vorzubereiten.

Der zweite Schritt ist das Bekenntnis. Ich muß nicht vollständig alle Fehler aufzählen, die ich begangen habe. Es geht vielmehr darum, das Wesentliche zu erzählen: Wo fühle ich mich schuldig? Wo stimmt es nicht mehr mit mir? Wo tut mir etwas leid? Was belastet mich? Wo ist der eigentliche Punkt, an dem ich schuldig werde, an dem ich vor mir und vor Gott davonlaufe und den ich bewußt vor Gott bringen möchte? Der Priester wird auf dieses Bekenntnis eingehen und im

Gespräch manches klären, damit der Beichtende sich selbst und seine Problematik noch besser verstehen kann. Zum Gespräch gehört das Verstehen, das Aufklären, aber es gehört auch die Frage dazu, wie es weitergehen soll. Früher hat der Priester dem Beichtenden eine Buße aufgegeben. Die war oft sehr äußerlich und bestand im Beten von ganz bestimmten Gebeten. Wichtiger scheint mir zu sein, mit dem Beichtenden gemeinsam zu suchen, was ihm denn helfen könnte, innerlich weiter zu kommen und einen bestimmten Fehler oder ein selbstverletzendes Muster loszulassen. Statt sich Vorsätze zu machen, wäre es hilfreicher, nach konkreten Übungen zu suchen, die ihm auf seinem Weg weiterhelfen.

Manchmal schlage ich auch ein Ritual vor, das den Ritus der Beichte in das konkrete Leben des Beichtenden hinein übersetzt. Einer Frau, die die Beziehung zu ihrem Freund abgebrochen hatte und von ihren Schuldgefühlen nicht loskam, riet ich zu solch einem Ritual. Wenn sie es sich vorstellen könne, dann sollte sie alles, was sie aus der alten Beziehung noch belastet, aufschreiben und gemeinsam mit ihrem neuen Freund begraben und vielleicht Blumen oder einen Baum darauf pflanzen. Für die Frau war dieses Ritual hilfreich, und sie konnte die Schuldgefühle wirklich loslassen. Man könnte sagen, der Ritus der Beichte sei doch genug, um die Schuldgefühle loszulassen. Aber manchmal braucht der sakramentale Ritus noch das persönliche Ritual, um alle Schichten der eigenen Seele zu durchdringen und in der Tiefe des

Herzens die Versöhnung und Befreiung ankommen zu lassen, die in der Beichte zugesprochen werden.

Die Beichte schließt mit der Absolution, mit der Lossprechung der Sünden im Namen und in der Vollmacht Jesu Christi. Der Ritus sieht vor, daß der Priester bei der Absolution dem Beichtenden die Hände auflegt. Durch die Handauflegung wird die Vergebung leibhaft vermittelt, und der Beichtende kann mit allen Sinnen erfahren, daß Gott ihn bedingungslos liebt. Die Berührung mit den Händen läßt mich erahnen, daß mich Christus selbst in der Beichte liebevoll berührt und mir zusagt: »Deine Sünden sind dir vergeben.« Da kann die Vergebung tief in mein Herz eindringen und mich dazu befähigen, nun auch mir selbst zu vergeben. Das ist ja das Ziel der Beichte, daß ich nicht nur mit dem Kopf, sondern auch mit dem Herzen, ja auch mit meinem Leib daran glauben kann, daß mir die Schuld vergeben ist und daß ich mir nun auch selbst von Herzen vergeben kann. Dann erfahre ich wirklich Befreiung. Dann werde ich aufhören, mich noch weiterhin mit Selbstbeschuldigungen zu zerfleischen. Dann kann ich wahrhaft ein Fest der Versöhnung feiern.

Wie eine Vorbereitung, so braucht die Beichte auch eine Nachbereitung. Das könnte das Fest der Versöhnung sein, das ich für mich alleine oder auch bewußt mit anderen feiere. Der eine feiert dieses Fest in der Stille, indem er sich vor die Ikone setzt und meditiert. Der andere gönnt sich ein Glas Wein, um die vergebende Liebe Gottes auch mit seinen Sinnen zu feiern. Manche gehen nach der Beichte erst einmal unter die Dusche, machen sich schön und ziehen ihr Lieblingskleid an, um damit entweder zu meditieren oder die Musik zu hören, die ihr Herz am meisten anrührt. Wieder andere feiern gemeinsam mit anderen das Fest, daß sie bedingungslos geliebt sind. Sie möchten die vergebende Liebe, die sie erfahren haben, gemeinsam mit anderen feiern. Zum Fest der Versöhnung gehört aber auch, daß ich mir überlege, wie ich nun die erfahrene Vergebung in mein Leben hinein konkretisiere, wie ich auf die vergebende Liebe Gottes antworten möchte. Dabei ist es wichtig, sich nicht zuviel vorzunehmen, sondern konkret eine Übung ins Auge zu fassen, die mich immer wieder an den vergebenden Gott und meine Antwort auf Gottes Liebe erinnert.

Schluß

Paulus schreibt den Römern voller Stolz und zugleich erfüllt von großer Freude: »Wir rühmen uns Gottes durch Jesus Christus, unseren Herrn, durch den wir jetzt schon die Versöhnung empfangen haben.« (Röm 5, 11) Die Menschen, die in sich zerrissen und gespalten sind, die mit sich und miteinander in Feindschaft leben, werden durch die Liebe Gottes, die in Jesus Christus und vor allem in seinem Tod am Kreuz für uns alle sichtbar und erfahrbar geworden ist, mit sich selbst und miteinander versöhnt. Und vor allem werden sie mit Gott versöhnt, von dem sie sich in ihrer Sünde abgewandt und sich dadurch von ihrem eigentlichen Grund entfremdet hatten. Paulus kann den Auftrag Jesu an die Apostel »Dienst der Versöhnung« nennen. (2 Kor 5,18) In den beiden Worten Vergebung und Versöhnung kommt das Wesentliche der christlichen Botschaft zum Ausdruck. Daß die Kirche heute nicht nur Versöhnung verkündet, sondern auch stiftet, daran entscheidet es sich, ob sie wahrhaft Kirche Jesu Christi ist.

Die Botschaft von der Vergebung und Versöhnung antwortet heute auf eine zentrale Not der Menschen, auf ihre innere Zerrissenheit, auf ihre

Unfähigkeit, mit sich und miteinander versöhnt zu leben und sich selbst zu vergeben. Viele zerfleischen sich heute durch Schuldvorwürfe und durch Wühlen in der Schuld der Vergangenheit. Sie sind unfähig, sich selbst anzunehmen. Paul Tillich hat die Vergebung als »Annahme des Unannehmbaren« beschrieben. Damit übersetzt er die Botschaft von der Vergebung in unsere Zeit. Denn immer mehr Menschen leiden an ihrer eigenen ›Unannehmbarkeit‹, an ihrem Unvermögen, sich selbst anzunehmen, und an ihrem Gefühl, daß niemand sie annehmen kann, daß sie sich mit ihrer Problematik den anderen nicht zumuten dürften.

Die Kirche muß ihren ›Dienst der Versöhnung‹ aber nicht nur dem einzelnen anbieten, sondern der Gesellschaft und der ganzen Völkergemeinschaft. Denn es ist eine Frage des Überlebens, ob die verfeindeten Volksgruppen sich miteinander versöhnen und so auf Dauer in Frieden miteinander leben können oder ob immer mehr militärische Konflikte unsere Welt überziehen und spalten. Die Aufgabe der Kirche wäre es heute, ein Klima der Versöhnung zu schaffen und überall dort ihre Stimme zu erheben, wo Menschen und Gruppen Spaltung und Feindschaft verbreiten. Wenn die Kirche ihren ›Dienst der Versöhnung‹ mit Phantasie und Mut erfüllt, wird ihre Stimme auch gehört werden. Sie wird zu einem Ort der heilenden und liebenden Gegenwart Christi werden, zu einem Raum, in dem Menschen miteinander versöhnt leben und in der Gesellschaft eine Bewegung zur Versöhnung hin auslösen. Dann erfüllt sich, was

Paulus von seiner Verkündigung schreibt: »Wir sind also Gesandte an Christi Statt, und Gott ist es, der durch uns mahnt. Wir bitten an Christi Statt: Laßt euch mit Gott versöhnen!« (2 Kor 5,20)

Literatur

R. Affemann, Schuld, Schulderfahrung und Gewissen. Ein Gespräch mit dem Stuttgarter Psychotherapeuten: HerKorr 27 (1973), S. 131–137.

H. Bacht, Erneuerung durch Rückkehr zu den Ursprüngen. Überlegungen zur heutigen Beichtkrise, in: K. Baumgartner, Erfahrungen mit dem Bußsakrament, 2. Band, München 1979, S. 166–184.

Büchsel, katallage, in ThWNT, Band 1 Stuttgart 1953, S. 254–260.

Albrecht Fürst zu Castell-Castell, Standpunkte. Gedanken-Reden-Beiträge, Castell 1995.

Evagrius Ponticus, Über das Gebet, Münsterschwarzach 1984.

A. Görres, Das Böse, Freiburg 1984.

A. Grün, Sich ändern lernen. Versöhnung feiern und leben, Würzburg 1991.

A. Grün, Erlösung durch das Kreuz. Karl Rahners Beitrag zu einem heutigen Erlösungsverständnis, Münsterschwarzach 1975.

M. Hartung, Angst und Schuld in Tiefenpsychologie und Theologie, Stuttgart 1979.

J. Jacobi, C. G. Jung, Mensch und Seele. Aus dem Gesamtwerk ausgewählt v. Jolande Jacobi, Olten 1972.

C.G. Jung, Erinnerungen, Träume, Gedanken, aufgez. u. hrsg. v. A. Jaffé, Zürich 1967.

C.G. Jung, Gesammelte Werke, Band 8, Olten 1964.

C.G. Jung, Briefe II, Olten 1972.

N. Kazantzakis, Griechische Passion. Roman, Berlin 1966.

U. Rauchfleisch, Pastoralpsychologische Überlegungen zur Bewältigung von Schuld, in: I. Baumgartner, Handbuch der Pastoralpsychologie, Regensburg 1990, S. 349–366.

L. Wachinger, Seelsorgliche Beratung und Begleitung bei Schuld und Schuldgefühlen, in: K. Baumgartner u. W. Müller, Beraten und begleiten, Handbuch für das seelsorgliche Gespräch, Freiburg 1990, S. 241–248.

Die Lebenskunst der Klöster
Münsterschwarzacher Kleinschriften

1	Anselm Grün, **Gebet und Selbsterkenntnis**	1979/2002
3	F. Ruppert/A. Grün, **Christus im Bruder**	1979/2004
6	Anselm Grün, **Der Umgang mit dem Bösen**	1980/2001
7	Anselm Grün, **Benedikt von Nursia**	1979/2004
11	Anselm Grün, **Der Anspruch des Schweigens**	1980/2003
13	Anselm Grün, **Lebensmitte als geistliche Aufgabe**	1980/2001
17	F. Ruppert/A. Grün, **Bete und Arbeite**	1982/2003
18	Jean Lafrance, **Der Schrei des Gebetes**	1983
19	Anselm Grün, **Einreden**	1983/2001
22	Anselm Grün, **Auf dem Wege**	1983/2002
23	Anselm Grün, **Fasten**	1984/2001
25	Guido Kreppold, **Die Bibel als Heilungsbuch**	1985/2004
26	M. Dufner/A. Louf, **Geistliche Begleitung im Alltag**	1985/2006
28	M. W. Schmidt, **Christus finden in den Menschen**	1985
29	A. Grün/M. Reepen, **Heilendes Kirchenjahr**	1985/2001
31	Basilius Doppelfeld, **Mission**	1985
32	Anselm Grün, **Glauben als Umdeuten**	1986/2002
36	Anselm Grün, **Einswerden**	1986/2003
37	Brakkenstein Com., **Regel für einen neuen Bruder**	1986
39	Anselm Grün, **Dimensionen des Glaubens**	1987/2004
41	Johanna Domek, **Gott führt uns hinaus ins Weite**	1987
44	Anselm Grün/Petra Reitz, **Marienfeste**	1987/2001
46	Anselm Grün/Michael Reepen, **Gebetsgebärden**	1988/2002
47	Emmanuela Kohlhaas, **Es singe das Leben**	1988
50	Anselm Grün, **Chorgebet und Kontemplation**	1988/2002
52	Anselm Grün, **Träume auf dem geistlichen Weg**	1989/2001
57	Grün/Dufner, **Gesundheit als geistliche Aufgabe**	1989/2001
58	Anselm Grün, **Ehelos – des Lebens wegen**	1989/2003
59	Dumitru Staniloae, **Gebet und Heiligkeit**	1990
60	Anselm Grün, **Gebet als Begegnung**	1990/2001
61	Basilius Doppelfeld, **Mission als Austausch**	1990
62	Abeln/Kner, **Kein Weg im Leben ist vergebens**	1990/2003
63	R. Faricy/R. J. Wicks, **Jesus betrachten**	1990
64	Anselm Grün, **Eucharistie und Selbstwerdung**	1990/2002
65	Basilius Doppelfeld, **Ein Gott aller Menschen**	1991

67	A. Grün, **Geistl. Begleitung bei den Wüstenvätern**	1992/2002
68	Anselm Grün, **Tiefenpsycholog. Schriftauslegung**	1992/2002
71	Anselm Grün, **Bilder von Verwandlung**	1993/2001
73	Wunibald Müller, **Meine Seele weint**	1993/2001
75	Herbert Alphonso, **Die Persönliche Berufung**	1993/2002
76	Anselm Grün/Gerhard Riedl, **Mystik und Eros**	1993/2001
77	Gabriele Ziegler, **Der Weg zur Lebendigkeit**	1993
79	Fidelis Ruppert, **Der Abt als Mensch**	1993
80	Boniface Tiguila, **Afrikanische Weisheit**	1993
81	Anselm Grün, **Biblische Bilder von Erlösung**	1993/2001
82	A. Grün/M. Dufner, **Spiritualität von unten**	1994/2002
84	Mauritius Wilde, **Ich versteh' dich nicht!**	1994/2004
85	R. Abeln/A. Kner, **Das Kreuz mit dem Kreuz**	1994
86	Fidelis Ruppert, **Mein Geliebter, die riesigen Berge**	1995
87	Basilius Doppelfeld, **Zeugnis und Dialog**	1995
90	Fidelis Ruppert, **Intimität mit Gott**	1995/2002
92	Anselm Grün, **Leben aus dem Tod**	1995/2001
93	Anselm Grün, **Treue auf dem Weg**	1995
94	Edgar Friedmann, **Ordensleben**	1995
95	Hermann M. Stenger, **Gestaltete Zeit**	1996
96	Basilius Doppelfeld, **Bleiben**	1996
97	Christian Schütz, **Mit den Sinnen glauben**	1996
98	Karin Johne, **Wortgebet und Schweigegebet**	1996
99	Anselm Grün, **Das Kreuz**	1996/2005
100	A. Grün/A. Seuferling, **Schöpfungsspiritualität**	1996/2002
101	Basilius Doppelfeld, **Lassen**	1996
102	Anselm Grün, **Wege zur Freiheit**	1996/2003
103	G. Kreppold, **Krisen – Wendezeiten im Leben**	1997/2001
104	Irmgard und Peter Abel, **Familienleben**	1997/2002
106	Anselm Grün, **Exerzitien für den Alltag**	1997/2001
107	Karl-Friedrich Wiggermann, **Das geistliche Wort**	1997
108	F. Ruppert/A. Stüfe, **Der Abt als Arzt ...**	1997
109	Henri Nouwen, **Unser Heiliges Zentrum finden**	1998/2003
110	Georg Braulik, **Zivilisation der Liebe**	1998
111	Wunibald Müller, **Wenn du ein Herz hast ...**	1998
112	G. Kreppold, **Selbstverwirklichung od. Selbstverleugnung?**	1998
113	Basilius Doppelfeld, **Erinnern**	1998
114	Anselm Grün, **Zerrissenheit**	1998/2001

115	K.-F. Wiggermann, **Spiritualität und Melancholie**	1998
116	Reinhard Körner, **Was ist Inneres Beten?**	1999/2002
117	Christa Carina Kokol, **Wie bist du, Gott?**	1999
118	Gabriele Ziegler, **Sich selbst wahrnehmen ...**	1999
120	Anselm Grün, **Vergib dir selbst**	1999/2001
121	Dietrich Koller, **Trinitarisch glauben, beten, denken**	1999
122	Guido Kreppold, **Träume – Hoffnung für das Leben**	1999/2001
124	Basilius Doppelfeld, **Loslassen und neu anfangen**	2000/2002
127	Wunibald Müller, **Dein Herz lebe auf**	2000/2002
128	Anselm Grün, **Entdecke das Heilige in Dir**	2001
129	Guido Kreppold, **Esoterik**	2001
130	Mauritius Wilde, **Der spirituelle Weg**	2001
131	Johanna Domek, **Das Leben wieder spüren**	2001/2006
132	Alfred Läpple, **Der überraschende Gott**	2002
134	Klaus-Stefan Krieger, **Gewalt in der Bibel**	2002
135	Hubert Luthe/Máire Hickey, **Selig bist du**	2002
136	Meinrad Dufner, **Schöpferisch sein**	2002
137	B. Ulsamer/M. Hell, **Wie hilft Familien-Stellen?**	2003
138	Lothar Kuld, **Compassion – Raus aus der Ego-Falle**	2003
139	Peter Abel, **Neuanfang in der Lebensmitte**	2003
140	Wunibald Müller, **Dein Weg aus der Angst**	2003
141	Klaus-Stefan Krieger, **Was sagte Jesus wirklich?**	2003
142	A. Grün/R. Robben, **Gescheitert? – Deine Chance!**	2003
143	Meinrad Dufner, **Rollenwechsel**	2004
144	Bertold Ulsamer, **Zum Helfen geboren**	2004
145	A. Grün/W. Müller, **Was macht Menschen krank ...?**	2004
146	Peter Modler, **Lebenskraft Tradition**	2004
147	Gruber/Steins, **Mit Gott fangen die Schwierigkeiten ...**	2005
148	Guido Kreppold, **Die Kraft des Mysteriums**	2005
149	Peter Modler, **Gottes Rosen**	2005
150	Jonathan Düring, **Der Gewalt begegnen**	2005
151	Wunibald Müller, **Allein – aber nicht einsam**	2005
152	B. Ulsamer, **Lebenswunden – Hilfe zur Traumabewältigung**	2006
153	Olav Hanssen, **Dein Wille geschehe**	2006
154	Reinhard Körner, **Dunkle Nacht**	2006
155	Jonathan Düring, **Wild und fromm**	2006
156	Guido Kreppold, **Dogmen verstehen**	2006
157	Peter Abel, **Gemeinde im Aufbruch**	2006

158	Michael Plattig, **Prüft alles, behaltet das Gute!**	2006
159	Paulus Terwitte/Peter Birkhofer, **Ich bin gerufen**	2007
160	Wunibald Müller, **Atme auf in Gottes Nähe**	2007
161	Anselm Grün, **Alles ist mir Himmel**	2007
162	Meinrad Dufner, **Kirchen verstehen**	2007
163	Jochen Sautermeister, **Glück und Sinn**	2007
164	Johannes Füllenbach, **Dein Reich komme**	2007
165	Wunibald Müller, **Atme in mir**	2008
166	Kirsner/Böhm, **Wo finden wir die blaue Fee?**	2008
167	Michael Plattig, **Ich wähle alles!**	2008
168	Katharina Schridde, **Den mütterlichen Gott suchen**	2008
169	Christoph Gerhard, **Astronomie und Spiritualität**	2008
170	Meinrad Dufner, **Seele ist Körper**	2009
171	Anselm Grün, **Lebensträume**	2009
172	Benedikt Müntnich, **Über Benedikt**	2009
173	Sabine Demel, **Spiritualität des Kirchenrechts**	2009
174	Astrid H. Küpper, **Erwecke den Clown in dir**	2010
175	Guido Kreppold, **Nachfolge**	2010

Die Titel dieser Reihe sind auch im **Abonnement** zu beziehen. Gerne informieren wir Sie unter Tel. 09324/20-292 über diese Möglichkeit.

VIER-TÜRME-VERLAG
Telefon 09324/20-292 · Telefax 09324/20-495
Bestellmail: info@vier-tuerme.de | www.vier-tuerme-verlag.de